Daniel Hect

Impacto das artes marciais na aplicação da lei

Daniel Hect

Impacto das artes marciais na aplicação da lei

ScienciaScripts

This book is a translation from the original published under ISBN 978-3-659-81911-7.

Publisher:
Sciencia Scripts
is a trademark of
Dodo Books Indian Ocean Ltd. and OmniScriptum S.R.L publishing group

120 High Road, East Finchley, London, N2 9ED, United Kingdom
Str. Armeneasca 28/1, office 1, Chisinau MD-2012, Republic of Moldova, Europe
Printed at: see last page
ISBN: 978-620-8-18055-3

Agradecimentos

Este projeto é, de longe, o empreendimento mais desafiante e gratificante que já empreendi até hoje. O seu sucesso depende do apoio e da generosidade de professores, colegas, familiares e amigos.

Gostaria de começar por agradecer ao meu comité, que me deu um enorme apoio ao longo do último ano. A Dra. Susan Kamai é uma excelente reitora, que me orientou para que este projeto fosse concluído atempadamente. Estou grato pelo seu feedback, uma vez que alguns capítulos foram fáceis e exigiram poucos rascunhos, enquanto outros foram mais difíceis. Mesmo assim, ela forneceu constantemente críticas construtivas que me permitiram ultrapassar esses desafios.

É de salientar que o Professor Joseph White, o Professor Jim Kincaid e o Professor Kevin Starr foram todos muito além dos deveres esperados dos membros do comité. Cada um deles tinha uma política de portas abertas e eu passei muitas horas nos seus gabinetes - normalmente sem marcação - a trabalhar nas minhas ideias. Embora eu interrompesse frequentemente o seu trabalho, nunca me mandaram embora. Cada um deles fez comentários e críticas perspicazes, desafiando-me e orientando-me no sentido de tornar os meus argumentos mais rigorosos. Quero agradecer especialmente ao Dr. White pelos seus muitos anos de amizade; como académico guerreiro, foi sempre um mentor e amigo, guiando-me ao longo da minha carreira de agente da autoridade.

Quero também agradecer a Jeff Anderson e David Dye que, embora não fazendo parte da minha comissão, passaram inúmeras horas a discutir as políticas de Uso da Força e as práticas de formação da polícia. Comecei por analisar a formação inadequada exigida pela formação POST (Police Officer Standards and Training) para Detenção e Controlo, e dei por mim a acrescentar a formação em artes marciais como uma opção para aumentar a responsabilidade nos incidentes de Uso da Força.

A premissa da minha investigação é apoiada por mais de 30 anos de experiência na aplicação da lei, bem como de treino em artes marciais. Colegas meus, tais como o Chefe Hugh Mears, da Polícia Metropolitana; o Sargento-mor Anthony Frazier, das Forças de Segurança da Força Aérea dos Estados Unidos; o Sargento Robert Posslenzny, do Departamento de Segurança Pública da Universidade do Sul da Califórnia e muitos outros, forneceram ideias úteis e feedback em vários momentos deste projeto.

Para além do Departamento de Mestrado em Estudos Liberais da Universidade do Sul da Califórnia, a minha mulher Dana (turma de 1984 da USC) e vários membros da Associação de Formadores de Aplicação da Lei do Condado de Riverside também prestaram assistência em todas as fases deste projeto. Quando este projeto de avaliação estava a dar os primeiros passos, eles foram a minha caixa de ressonância para ideias e teorias. Quando este projeto foi concluído, ajudaram na revisão, edição e citações. Michele Hodges e Paul Hayes também prestaram assistência na revisão e edição.

Desde os meus primeiros anos como agente da polícia, aprecio agora ainda mais os meus Oficiais de Formação de Campo, Sargentos e Comandantes de Patrulha, por me terem ensinado os princípios básicos da escrita. Diria mesmo que, sem a sua liderança ao longo dos trinta anos de serviço policial, nunca poderia ter escrito um projeto de síntese desta importância. Também quero agradecer ao meu instrutor de artes marciais, o Grão-Mestre Jesus M. Sanchez, pela sua liderança, instrução e dedicação às artes marciais, bem como à comunidade de agentes da autoridade. Na área das opções de força, o Grão-Mestre Sanchez, um agente correcional reformado do Estado da Califórnia, possui conhecimentos e experiência inigualáveis.

Os meus sinceros agradecimentos vão para a minha mulher Dana, que garantiu que eu me mantivesse concentrado na conclusão do meu projeto de suma e que foi sempre uma fonte de apoio e amor constantes nos melhores e piores momentos. Por último, gostaria de agradecer aos meus filhos Danny Jr. e Joshua pela sua compreensão e apoio durante a minha licenciatura e pós-graduação. Estou ansioso por não ter de lhes dizer: "Desculpa, não te posso levar a pescar" ou "O papá está ocupado. Mais tarde levo-te ao parque". A lista poderia continuar. Também estou grato por nunca mais ter de ouvir: "Pai, já está pronto?" Danny e Joshua, a resposta é sim!

ÍNDICE DE CONTEÚDOS

Resumo

O uso da força é uma parte fundamental da aplicação da lei, particularmente quando se trata de prender suspeitos de crimes violentos e/ou resistentes. Quando os agentes detêm um suspeito para fins de investigação, estas acções são definidas como "apreensões" de pessoas e são regidas pela Quarta Emenda da Constituição dos EUA. Além disso, os agentes devem ter uma causa provável para efetuar uma detenção válida e a forma como a detenção é conduzida, incluindo o nível de força utilizado, deve ser "razoável". Este projeto sumativo discutirá os requisitos de formação da polícia, as opções de força utilizadas pela polícia, bem como as expectativas da comunidade em relação à aplicação da lei quando lidam com os cidadãos. Além disso, este projeto sumativo mostrará que os actuais requisitos mínimos de formação de força dos Padrões de Formação dos Agentes da Polícia (POST) para Tácticas Defensivas não satisfazem as necessidades dos agentes da polícia nem as expectativas das comunidades que servem. Além disso, a investigação identificará a utilização de um treino consistente de artes marciais para desenvolver os conjuntos de competências de que os agentes necessitam para sobreviver a suspeitos violentos, tanto a nível mental como físico.

Introdução

Ao longo dos últimos 60 anos, a Comissão de Normas e Formação de Agentes de Polícia (POST) desenvolveu diretrizes de contratação e formação para as agências de aplicação da lei. Estas diretrizes são consideradas a norma mínima para a aplicação da lei. A informação contida no projeto sumativo deste investigador abordará o que parece ser uma falta de formação em competências perecíveis na área da formação em Prisão e Controlo/Tácticas Defensivas. A informação apresentada neste projeto de investigação identificará as lacunas sentidas na formação em Prisão e Controlo por parte dos profissionais de aplicação da lei, bem como as oportunidades de acrescentar a formação em artes marciais à formação avançada dos agentes. As conclusões alcançadas neste projeto sumativo serão apoiadas por anos de experiência de artistas marciais e profissionais de aplicação da lei de todo o mundo e inquéritos de ambos os grupos realizados para abordar este tópico. Os inquéritos referenciados neste projeto sumativo são de instrutores de artes marciais, bem como de agentes da autoridade. O peso combinado da investigação, bem como os inquéritos, apoiam as recomendações e conclusões deste projeto sumativo.

Capítulo 1
Normas e formação dos agentes da polícia (POST)

A Comissão de Normas e Formação de Agentes da Polícia (POST) foi criada pela Legislatura da Califórnia em 1959 para estabelecer normas mínimas de seleção e formação para as agências de aplicação da lei da Califórnia. O POST é um programa voluntário baseado em incentivos, concebido para ajudar a garantir que as pessoas mais qualificadas sejam contratadas como agentes da polícia; além disso, o POST foi concebido para que os agentes da polícia tenham conjuntos de competências desenvolvidas através da formação para lidar com as muitas situações difíceis que enfrentarão durante a sua carreira como funcionários públicos.

O número mínimo de horas de formação para as competências perecíveis é de 14 horas de formação a cada 24 meses e inclui a formação em detenção e controlo (ACT). Uma repartição da formação mínima necessária para satisfazer os requisitos da norma POST inclui formação com armas de fogo tácticas (mínimo de 4 horas), detenção e controlo (mínimo de 4 horas), formação e sensibilização para a condução (mínimo de 4 horas) e comunicação tática/interpessoal (mínimo de 2 horas).

O registo de formação do agente é mantido através do sítio Web interativo POST e está acessível ao responsável pela formação do departamento ou a outro representante qualificado designado pela agência de aplicação da lei. Normalmente, é da responsabilidade da unidade de formação assegurar que os membros do departamento têm agendada a formação necessária para manter os requisitos POST (http://www.post.ca.gov).

Com base nas conclusões deste projeto sumativo, as 14 horas de formação em Competências Perecíveis, especificamente o requisito mínimo de 4 horas para a Formação em Detenção e Controlo numa base semestral, não preparam o agente da autoridade com as competências necessárias para empregar com confiança as Técnicas Avançadas de Tácticas Defensivas aprendidas na formação em Detenção e Controlo. A falta de tempo de formação para a aplicação prática, normalmente designada por "tempo de tapete", necessário para aperfeiçoar as técnicas de detenção e controlo, pode corroer a confiança do agente na aplicação das técnicas. Uma formação inadequada pode dar origem a reacções exageradas e ao uso indevido da força. Estas acções potenciais podem aumentar a responsabilidade criminal e civil do agente da autoridade, bem como do departamento. (Koga & Pelkey, 2002).

As consequências não intencionais da formação de acordo com o padrão mínimo POST de competências perecíveis foram estudadas ou avaliadas direta e indiretamente em vários estudos policiais e de Uso da Força. Um estudo referenciado mais adiante neste documento é a Dissertação do Dr. Joseph E. White sobre a Formação de Políticas e a Teoria das Consequências Imprevistas. A premissa do Dr. White de consequências não intencionais aplica-se especificamente ao programa POST de Formação de Competências Perecíveis. (White, 2000).

Detenção e controlo

O mínimo exigido pelo POST, que é de 4 horas de formação recorrente sobre detenção e controlo de dois em dois anos, não dá ao agente a oportunidade de desenvolver a memória muscular, as reacções rápidas ou as competências de "segunda natureza" necessárias para responder a suspeitos violentos e resistentes. Quando um agente entra numa situação com um suspeito que resiste violentamente, as situações provocam um aumento da produção de adrenalina. (Schuck, 2004, p. 559). Devido à combinação do aumento da adrenalina e da falta de confiança na capacidade de lidar com suspeitos resistentes com um controlo ou técnicas de cumprimento, um agente pode estar mais apto a utilizar um meio de força mais intrusivo, como uma arma de impacto ou um Taser. O gráfico 1.1 mostra as opções de força atualmente disponíveis para o agente da autoridade em várias situações. Apesar de se justificar uma resposta mais intrusiva a um suspeito que resiste ativamente, um agente com competências tácticas defensivas mais avançadas tem outras opções para lidar com a situação, incluindo opções de força menos intrusivas. (Adams et al., 1999).

Capítulo 2
Técnicas de artes marciais na aplicação da lei Prisão e controlo

As técnicas das artes marciais são utilizadas no treino de combate há mais de dois mil anos. (Alexander, 1995). A formação POST de Detenção e Controlo introduz várias técnicas de artes marciais aos agentes; no entanto, as técnicas por si só não preparam os agentes para lidar com um suspeito que resiste violentamente - é necessário um treino consistente. Esta formação contínua permitirá que os agentes apliquem as técnicas em suspeitos que resistem ativamente no terreno com a perícia e a confiança necessárias para controlar os suspeitos. As técnicas, por si só, podem não ser suficientes. As competências aperfeiçoadas através do "tempo de tapete" são as necessárias para evitar ferimentos desnecessários.

A introdução de técnicas de artes marciais na detenção e controlo é apenas uma parte do processo. Um agente tem de ter formação suficiente e equilíbrio na utilização das técnicas para que as possa utilizar com confiança e sem hesitação. A falta de formação em detenção e controlo está especificamente relacionada com a falta de confiança em conjuntos específicos de técnicas de detenção e controlo. Além disso, sabe-se que esta falta de confiança conduz a uma hesitação em atuar, a abusos verbais ou à utilização de força desnecessária para obter o cumprimento da lei. (Koga & Pelkey, 46-49, 2002).

As incidências de uso desnecessário da força podem ser evitadas com uma formação adequada e com a confiança aprendida com a formação em Detenção e Controlo, com um enfoque na formação em artes marciais, seguida de uma formação contínua ao longo da carreira. A filosofia das artes marciais, que enfatiza o controlo, a confiança e a humildade, quando aplicada à formação de Detenção e Controlo pode ajudar os agentes a desenvolverem confiança nas suas capacidades. A confiança na sua capacidade de lidar com situações que podem tornar-se violentas dá ao agente uma vantagem significativa sobre o suspeito. Quando os agentes possuem os conjuntos de competências adequados, sabem que serão capazes de reagir imediatamente a ameaças activas e utilizarão a quantidade de força adequada para obter a obediência do suspeito.

O treino ao estilo das artes marciais permite que os agentes desenvolvam uma resposta de segunda natureza. Esta resposta de segunda natureza está a começar a ser referida como um estado de "No-Mind". (Rosenberg & Sapochnik, 2005, p. 452). O estado de "sem-mente" pode ser descrito como a capacidade de agir e reagir de forma criativa, resolvendo problemas, sem ser sobrecarregado pelo pensamento; para superar a tendência do praticante de apego rígido ao medo; o perigo da situação é uma caraterística fundamental no treino de artes marciais e tem valor também na comunidade de aplicação da lei (Rosenberg & Sapochnik, 2005, p. 452-453), Estudo de caso.

Este investigador tem conhecimento direto de uma situação que ocorreu no campus central da Universidade do Sul da Califórnia, por volta do meio-dia de um dia de semana, em frente a um campus cheio de professores, funcionários e estudantes. Uma pessoa emocionalmente perturbada (EDP) usou uma faca grande para assaltar um estudante da USC à vista dos espectadores. Quando um estudante tentou intervir, a EDP usou a faca e cortou o estudante no peito.

Felizmente, estava um dia frio e o único ferimento foi no casaco usado pelo estudante. Pouco tempo depois, vários agentes do Departamento de Segurança Pública chegaram ao local e viram uma mulher a atacar com uma faca os estudantes da USC enquanto avançava pelo centro do campus. Enquanto o agente enfrentava a suspeita com as armas apontadas, um dos agentes da USC, que também é cinturão negro Shudokan Ryu 2nd , aproximou-se da EDP pelo seu lado cego. Enquanto os outros agentes continuavam a distrair a suspeita, o agente que se aproximava utilizou um pilar para se esconder enquanto se aproximava da mulher perturbada. Quando ela estava ao alcance de um braço, o agente, com grande risco para a sua segurança pessoal, utilizou uma técnica de tática defensiva e desarmou-a. Levou-a sob custódia sem mais incidentes. Ele levou-a sob custódia sem mais incidentes.

Nesta situação, a extensa formação deste agente dominou as suas acções, utilizando o princípio "No-Mind" para desarmar o suspeito, apesar de este estar a resistir ativamente à detenção, empunhando uma faca. O agente desarmou a suspeita com um único golpe na parte inferior do braço da mão armada.

Mais concretamente, é de notar que este agente teve muito mais do que 4 horas de formação em Prisão e Controlo/Tácticas Defensivas e, consequentemente, era mais competente em Tácticas Defensivas do que os outros agentes que responderam. A capacidade do agente para avaliar a situação e atuar com confiança face ao perigo iminente salvou realisticamente a vida do suspeito. Sem a capacidade deste agente de utilizar aplicações avançadas de Tácticas Defensivas para desarmar o suspeito, esta situação poderia ter terminado com o recurso a uma opção de força mais intrusiva, até e incluindo força mortal. Dado o suspeito combativo acima referido, com a capacidade de causar ferimentos graves ou morte, os agentes poderiam ter justificado o uso da opção de força letal. Ver Gráfico 1.1 para o Modelo de Uso de Força do Centro Federal de Treinamento de Aplicação da Lei para Opções de Resposta de Continuidade de Força. (Remsberg, 1986).
Este estudo de caso exemplifica claramente a confiança que um agente ganha através do

treino de artes marciais combinado com a formação contínua em técnicas de Detenção e Controlo. A arte marcial de Shudokan Ryu Taiho Jutsu é um sistema de artes marciais específico para a aplicação da lei. As técnicas utilizadas no Taiho Jutsu centram-se nas opções de força adequadas a utilizar em situações de violência. Estas técnicas avançadas permitem ao agente empregar opções de força com confiança e com a quantidade mínima de força necessária para obter o controlo e a obediência dos suspeitos.

A capacidade deste agente para identificar e responder à ameaça sem necessidade de recorrer à força, salvou, muito provavelmente, a vida da suspeita. O suspeito foi detido e pôde receber o tratamento médico de que necessitava para lidar com o seu esgotamento mental.

Capítulo 3
Uso da força

A profissão de agente da autoridade continua a desenvolver-se e a mudar, especificamente na área da Detenção e Controlo e das Tácticas Defensivas. A segurança dos agentes, bem como a responsabilidade penal e civil, impulsionam o desenvolvimento de novas práticas e teorias em matéria de técnicas de detenção e controlo. (Ott, Lewis, & MacWha, maio de 2008).

O desafio de rever a forma como os agentes da polícia aplicam as técnicas de detenção e controlo está enraizado na cultura da aplicação da lei. (Remsberg, 1986, 55-77). Para mudar a forma como os agentes da polícia aplicam as opções de força, temos de considerar o seguinte: como os agentes da polícia aprendem, o impacto dos peritos estabelecidos em técnicas de Detenção e Controlo e o impacto da cultura de aplicação da lei na força.

A formação policial é um instrumento importante no processo de facilitar a mudança na cultura policial. A forma como ensinamos é muitas vezes mais importante do que aquilo que ensinamos. Tradicionalmente, a maioria das matérias num ambiente de formação policial é ensinada utilizando abordagens comportamentais em que o instrutor observa a sua audiência e orienta as suas palestras para a audiência com base na sua interpretação dos seus estilos de aprendizagem. Isto pode não ser eficaz quando se ensina um currículo policial em evolução de Detenção e Controlo.

No entanto, os especialistas em detenção e controlo utilizam mais frequentemente um formato de instrução centrado no aluno para ensinar técnicas de acordo com os pontos fortes de cada agente.

Cultura da aplicação da lei

A integração de estruturas de poder definidas e de líderes informais desenvolvidos nas comunidades de aplicação da lei tende a reproduzir-se. As estruturas de poder e os líderes informais são apoiados pela autoridade concedida aos funcionários responsáveis pela aplicação da lei. A teoria do poder simbólico proposta por Bourdieu em Esboço de uma teoria da prática é muito relevante para a forma como a cultura da aplicação da lei é seduzida pela autoridade inerente às suas posições como agente da polícia. (Bourdieu, 1977, p. 159).

O treino de artes marciais centra-se no desenvolvimento mental e físico; o benefício deste desenvolvimento combinado que um agente recebe é inestimável quando confrontado com o perigo imediato de um suspeito violento ou resistente. O oficial treinado em artes marciais desenvolve habilidades mentais e físicas que lhe permitem identificar e responder imediatamente a situações fluidas e/ou em escalada. (Koga & Pelkey, 2002).

Definição de uso da força

O entendimento do Uso da Força varia em todo o país e baseia-se em jurisdições ou tipos de departamentos. No entanto, o significado básico do Uso da Força pela polícia pode ser definido como "A quantidade de força razoável exigida pela polícia para obrigar um sujeito relutante a obedecer". (Adams et al., 1999, p. 20).

Força Mortal

Os agentes da autoridade têm a autoridade e a responsabilidade de utilizar a força letal quando se protegem a si próprios ou ao público contra o risco de morte ou de lesões corporais graves; esta autoridade é única no serviço público. (Koga & Pelkey, 44, 2002). Sem a formação adequada e a maturidade para lidar com as responsabilidades acrescidas associadas às funções de aplicação da lei, os agentes podem reagir de forma exagerada a uma situação ou abusar da sua autoridade. (Adams, McTernan &, Remsberg, 1980).

Os agentes devem ser capazes de identificar a ameaça e de escalonar e desescalar rapidamente as opções de força, evitando que as suas emoções influenciem a escolha das opções de força utilizadas.

Forçar opções

As opções de força são um aspeto necessário e crítico do trabalho policial. O treino de artes marciais oferece opções de força menos letais que abordam eficazmente as muitas questões associadas a situações de detenção vitais para a segurança dos agentes da autoridade, bem como dos suspeitos combativos que estão a ser detidos. Como podemos ver no Modelo de Utilização da Força do Centro Federal de Formação para a Aplicação da Lei no Gráfico 1.1, as opções de força são ditadas pela "Perceção do Agente". Assegurar que os agentes têm a formação adequada pode diminuir o abuso de autoridade em incidentes de Uso da Força. (Ott, Lewis, & MacWha, maio de 2008).

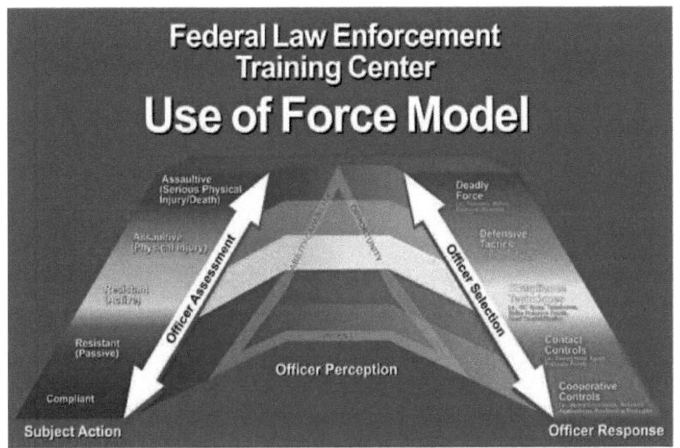

Gráfico 1.1. Modelo de uso da força do Centro Federal de Formação para a Aplicação da Lei.

O gráfico 1.1 ilustra as opções de força previstas com base na perceção do agente da ameaça ativa do suspeito. À medida que a resistência do suspeito aumenta, as opções de força do agente expandem-se da Presença de Comando para a Força Mortal, a capacidade de lidar com cada situação utilizando a quantidade mínima de força exigida pela Décima Quarta Emenda que garante o devido processo legal, bem como a jurisprudência como *Terry v. Ohio, Tennessee v. Garner* e *Graham v. Connor.*

Capítulo 4
Política e Procedimentos e Detenção e Controlo

Na Dissertação do Dr. Joseph E. White sobre a Formação de Políticas e a Teoria das Consequências Imprevistas, o Dr. White aborda a Utilização da Força pela Polícia de Los Angeles durante o incidente de Rodney King. O Dr. White insinua que as consequências não intencionais da moratória da polícia de Los Angeles sobre a utilização de meios de controlo da parte superior do corpo contribuíram consideravelmente para o uso indevido da força no incidente de Rodney King.

No estudo do Dr. White, o facto de a polícia de Los Angeles considerar a imobilização da parte superior do corpo como uma opção de força letal, fez com que a utilização da imobilização estivesse fora da política como forma de obter o cumprimento de um suspeito que resiste ativamente. Por conseguinte, os agentes tiveram de utilizar opções de força intermédias para obter o controlo do suspeito. A formação adequada sobre o uso da preensão de controlo da parte superior do corpo e a sua aplicação poderiam ter evitado a totalidade da força utilizada contra Rodney King. (White, 2000, p. 116-119).

Como sugere a documentação de vídeo vista durante a cobertura noticiosa na televisão e nos sítios da Internet, as opções de força intermédia utilizadas em Rodney King, ou seja, Taser, golpes de bastão, joelhos combativos e golpes com as mãos, não foram capazes de subjugar o suspeito. A utilização de opções de força intermédias não estava claramente a funcionar, no entanto, os agentes da polícia que tentavam levar Rodney King sob custódia não conseguiram fazer a transição para as opções de força capazes de subjugar o suspeito.

Em situações como a do incidente de Rodney King, a tática defensiva de controlo vulgarmente conhecida como "Upper Body Control Hold", se utilizada, teria eliminado a necessidade de recorrer a opções de força mais intrusivas. A "Upper Body Control Hold" funciona com base na privação de oxigénio para o cérebro e não na dor. O simples facto é que, se o oxigénio não chegar ao cérebro, o suspeito fica inconsciente e torna-se incapaz de resistir aos agentes da polícia. Isto teria, sem dúvida, diminuído os ferimentos no suspeito. (White, 2000, p122-127).

Este investigador concorda com a avaliação do Dr. White de que, devido ao facto de a Upper Body Control Hold estar na opção de força letal e não na opção de força intermédia, os agentes da LAPD tiveram de aumentar significativamente a força necessária para subjugar Rodney King. Esta afirmação é válida para todos os suspeitos que resistem ativamente e que não respondem às opções de força de "conformidade".

Este investigador também concorda com a posição do Dr. White de que o incidente de Rodney King poderia ter sido evitado se os agentes tivessem utilizado a Upper Body Control Hold em Rodney King. No entanto, para que os agentes da LAPD tivessem essa opção no que diz respeito à resistência a suspeitos, a Upper Body Control Hold teria de ser transferida para a gama de opções de força intermédia. Uma vez que o incidente de Rodney King nunca ultrapassou o valor de referência estabelecido para o uso de força letal, a Upper Body Control Hold não foi utilizada e os agentes da LAPD continuaram a usar tácticas mais invasivas de Detenção e Controlo para subjugar Rodney King. (White, 2000, p. 127).

Capítulo 5
Jurisprudência que afecta o "uso da força" pelos agentes da autoridade

À medida que a jurisprudência é decidida, continua a ter um impacto na evolução das políticas e procedimentos de aplicação da lei na área da detenção e controlo; no entanto, a linguagem comum utilizada na aplicação da lei para melhor descrever as políticas relacionadas com o uso da força inclui: *"Apenas a quantidade de força razoavelmente necessária nas circunstâncias pode ser utilizada para efetuar uma detenção, impedir a fuga ou vencer a resistência. "* http://www.legalupdateonline.com/4th/140. (Phillips, janeiro, 2010, p. 86-93).

A jurisprudência significativa relacionada com o Uso da Força inclui *Graham v. Connor, Tennessee v. Garner e Terry v. Ohio*. Os pormenores dos casos são indicados abaixo, bem como a jurisprudência relativa a opções de força menos letais.

Graham v. Connor

O caso *Graham v. Connor* do Supremo Tribunal dos EUA, 490 U.S. 386, discutido a 21 de fevereiro de 1989 e decidido a 15 de maio de 1989, tornou-se a jurisprudência que define a aplicação da força na aplicação moderna da lei. *Graham v. Connor* considerou que todas as queixas de agentes da autoridade que utilizam força excessiva, "mortífera ou não", no decurso de uma detenção, paragem para investigação ou outra "apreensão" de um cidadão livre são devidamente analisadas ao abrigo da norma de "razoabilidade objetiva" do Quarto Aditamento, e não ao abrigo de uma norma de processo substantivo. (*Graham v. Connor*, 15 de maio de 1989).

Para compreender este acórdão, é necessário compreender as circunstâncias que conduziram à decisão.

O Peticionário Graham, um diabético, pediu ao seu amigo Berry que o levasse a uma loja de conveniência para comprar sumo de laranja para contrariar o início de uma reação à insulina. Ao entrar na loja e ao ver o número de pessoas à sua frente, Graham apressou-se a sair e pediu a Berry que o levasse a casa de um amigo. O arguido Connor, um agente da polícia municipal, ficou desconfiado depois de ver Graham entrar e sair apressadamente da loja, seguiu o carro de Berry e fez uma paragem para investigação, ordenando ao casal que esperasse enquanto ele descobria o que tinha acontecido na loja. Os agentes da polícia de apoio do arguido chegaram ao local, algemaram Graham e ignoraram ou rejeitaram as tentativas de explicar e tratar o estado de Graham. Durante o encontro, Graham sofreu vários ferimentos. Foi libertado quando Connor soube que não tinha acontecido nada na loja. Graham interpôs uma ação no Tribunal

Distrital, ao abrigo do artigo 42 U.S.C. § 1983, contra os arguidos, alegando que estes tinham usado força excessiva ao efetuar a paragem, em violação dos "direitos que lhe são garantidos ao abrigo da Décima Quarta Emenda à Constituição dos Estados Unidos e do artigo 42 U.S.C. § 1983". O Tribunal Distrital concedeu a moção dos inquiridos para um veredito dirigido no final das provas de Graham, aplicando um teste de quatro factores para determinar quando o uso excessivo da força dá origem a uma causa de ação § 1983, que questiona, inter alia, *se a força foi aplicada num esforço de boa fé para manter e restaurar a disciplina ou de forma maliciosa e sádica com o objetivo de causar danos.* Johnson v. Glick, *481 F.2d 1028. O Tribunal de Recurso confirmou, aprovando este teste como sendo geralmente aplicável a todas as queixas de força constitucionalmente excessiva apresentadas contra funcionários públicos, rejeitando o argumento de Graham de que era um erro exigir-lhe que provasse que a força alegadamente excessiva foi aplicada de forma maliciosa e sádica com o objetivo de causar danos, e sustentando que um júri razoável que aplicasse o teste* Johnson v. Glick *às suas provas não poderia concluir que a força aplicada era constitucionalmente excessiva. (Graham v. Connor,* 15 de maio de 1989)

Como se pode ver no processo *Graham v. Connor* do Supremo Tribunal, a força utilizada tinha de ser "razoável" na sua totalidade. A situação em que o agente viu uma atividade suspeita e investigou o incidente não constitui uma violação dos direitos civis de um indivíduo, no entanto, a força utilizada para deter o sujeito pelo seu alegado crime deve ser razoável.

Tennessee v. Garner

Tennessee v. Garner, 471 U.S. 1 (1985) [1], foi discutido em 30 de outubro de 1984 e decidido em 27 de março de 1985; este caso sustentava que, nos termos do Quarto Aditamento, quando um agente da autoridade persegue um suspeito em fuga, só pode usar força letal para impedir a fuga se tiver motivos prováveis para acreditar que o suspeito representa uma ameaça significativa de morte ou de lesões corporais graves para o agente ou para terceiros.

Para compreender este acórdão, é necessário compreender as circunstâncias que conduziram à decisão.

Por volta das 22:45 horas do dia 3 de outubro de 1974, os agentes Leslie Wright e Elton Hymon, do Departamento de Polícia de Memphis, foram enviados para responder a uma chamada de assalto. O vizinho, que tinha feito a chamada para a polícia, disse aos agentes, à sua chegada ao local, que alguém estava a arrombar a casa do lado. O agente Hymon foi para as traseiras da casa, enquanto o seu parceiro ficou na frente da casa. O agente Hymon viu alguém a correr pelo quintal. O suspeito em fuga, Edward Garner, parou junto a uma vedação de arame com 1,5 metros de altura. O agente Hymon ordenou a Garner que parasse, mas Garner começou a trepar a vedação. Acreditando que Garner fugiria se conseguisse passar a vedação, o agente Hymon disparou sobre Elton Hymon. Elton Hymon morreu dos seus ferimentos num hospital próximo. O suspeito, Elton Hymon, tinha roubado dez dólares e uma carteira da casa que foi encontrada no seu corpo. (Tennessee v. Garner, 27 de março de 1985)

O agente Hymon actuou de acordo com a lei do estado do Tennessee e com a política oficial do Departamento de Polícia de Memphis na altura do tiroteio. A política autorizava o uso de força letal contra um suspeito de crime em fuga e era a prática estabelecida na maior parte dos Estados Unidos. O estatuto estabelecia que "se, após notificação da intenção de prender o arguido, este fugir ou resistir à força, o agente pode utilizar todos os meios necessários para efetuar a prisão". Este direito comum era conhecido como a Regra do Criminoso em Fuga.

O pai de Garner intentou então uma ação no Tribunal Distrital dos Estados Unidos para o Distrito Ocidental do Tennessee, ao abrigo da Lei dos Direitos Civis de 1871, 42 U.S.C. § 1983, por violação dos direitos civis; no entanto, o Tribunal Distrital considerou constitucional o estatuto e as acções do agente Hymon. No entanto, em sede de recurso, o Tribunal de Recurso dos Estados Unidos da América para o Sexto Circuito anulou a decisão original; o Tribunal de Recurso considerou que a morte de um suspeito em fuga é uma "apreensão" para efeitos da Quarta Emenda, pelo que só é constitucional se for razoável. (*Tennessee v. Garner*, 1983).

O Supremo Tribunal dos EUA concordou com o Tribunal de Recurso do Sexto Circuito dos EUA e considerou que a lei do Tennessee não limitava devidamente a utilização de força letal pelos agentes da autoridade em função da gravidade do crime. Ambos os tribunais consideraram que a Quarta Emenda proíbe um agente da polícia de utilizar a força letal como último recurso para deter um suspeito de crime que se recuse a parar quando foge do local do crime, sem uma convicção razoável de que o suspeito constitui uma ameaça para o agente ou para o público.

A decisão do Supremo Tribunal equilibrou os interesses do suspeito e o interesse do público na aplicação efectiva da lei. Esta decisão foi tomada não obstante a regra bem estabelecida do direito consuetudinário que autoriza o recurso à força letal, se necessário, para deter um criminoso em fuga. O tribunal concluiu que a lei do Tennessee era inconstitucional, uma vez que permite o uso de força letal para deter um suspeito que não esteja obviamente armado ou em risco de pôr o público em perigo. *(Tennessee v. Garner,* 27 de março de 1985).

Terry v. Ohio

Outro exemplo de jurisprudência importante para a Detenção e Controlo e Uso da Força é o acórdão *Terry v. Ohio.* Esta jurisprudência confere ao agente a capacidade de efetuar uma busca de armas ao deter um suspeito quando os agentes têm uma suspeita razoável de que o suspeito cometeu, ou está prestes a cometer, um crime. A busca de armas é o que normalmente se designa por "Terry Stop". Para compreender este acórdão, é necessário compreender as circunstâncias que levaram à decisão.

Em 31 de outubro de 1963, enquanto fazia uma ronda no centro da cidade, que já patrulhava há muitos anos, o detetive Martin McFadden, do Departamento de Polícia de Cleveland, viu dois homens, John W. Terry e Richard Chilton, parados numa esquina e agindo de uma forma que o agente considerou suspeita. O detetive McFadden observou os dois a avançar e recuar alternadamente ao longo de um percurso idêntico, parando para olhar para a mesma montra. Cada vez que concluíam o percurso, seguia-se uma conferência entre os dois numa esquina. Os dois homens repetiram este ritual alternadamente entre cinco e seis vezes cada um - ao todo, cerca de uma dúzia de trajectos. Após uma dessas deslocações, um terceiro homem (Katz) juntou-se a eles e saiu rapidamente após uma breve conversa. Suspeitando que os dois homens estavam a "vigiar um trabalho, um assalto", o detetive McFadden seguiu-os e viu-os juntarem-se ao terceiro homem a alguns quarteirões de distância, em frente a uma loja. O agente aproximou-se dos três, identificou-se como polícia e perguntou-lhes os nomes. Os homens "murmuraram qualquer coisa", pelo que McFadden rodou Terry, revistou-lhe a roupa exterior e sentiu uma pistola no bolso do sobretudo. Meteu a mão no bolso do sobretudo, mas não conseguiu tirar a arma. O agente ordenou que os três entrassem na loja. Retirou o sobretudo de Terry, tirou um revólver e ordenou aos três que se virassem para a parede com as mãos levantadas. Revistou a roupa exterior de Chilton e Katz e retirou um revólver do bolso exterior do sobretudo de Chilton. Não colocou as mãos por baixo da roupa exterior de Katz (uma vez que não encontrou nada na revista que pudesse ser uma arma), nem por baixo da roupa exterior de Terry ou de Chilton até sentir as armas. Os três foram levados para a esquadra da polícia. Terry e Chilton foram posteriormente acusados de porte de armas escondidas. A defesa dos indivíduos acusados pediu a supressão da utilização das armas apreendidas como prova, alegando que a busca e subsequente apreensão constituíam uma violação do Quarto Aditamento à Constituição dos Estados Unidos. Apesar de o tribunal ter rejeitado a teoria da acusação de que as armas tinham sido apreendidas durante uma busca no âmbito de uma detenção legal, o tribunal negou a moção de supressão e admitiu as armas como prova com base no facto de o agente ter motivos para acreditar que Terry e Chilton estavam a agir de forma suspeita, que o seu interrogatório era justificado e que o agente, para sua própria proteção, tinha o direito de revistar as suas roupas exteriores, tendo motivos razoáveis para acreditar que poderiam estar armados. O tribunal estabeleceu uma distinção entre uma "paragem" de investigação e uma detenção, e entre uma "revista" ao vestuário exterior para procurar armas e uma busca completa para encontrar provas de crime. Terry e Chilton foram considerados culpados, um tribunal de recurso intermédio confirmou a condenação e o Supremo Tribunal do Estado do Ohio rejeitou o recurso com o fundamento de que "não estava em causa qualquer questão constitucional substancial". (Terry v. Ohio, 10 de junho de 1968)

A detenção referida em *Terry v. Ohio* é uma *"apreensão"* ao abrigo da Quarta Emenda; no entanto, é permitida com base numa "suspeita razoável", que tem um ónus menor do que a articulação de uma "causa provável" quando se faz uma paragem para investigação. O tribunal considerou que a intrusão é relativamente mínima e é feita com um objetivo de investigação válido e necessário, uma vez que a busca de armas é necessária para garantir a segurança dos agentes que efectuam a paragem. Os serviços de aplicação da lei continuam a interpretar a jurisprudência acima referida como um guia para o desenvolvimento de políticas relativas às opções de força.

Opções de força menos letais

A força menos letal tem de ser justificada, tal como a força letal é justificada; a necessidade do nível de força empregue pelo agente tem de cumprir o teste de equilíbrio *Graham v Connor*; "razoável" na sua totalidade, *"Apenas a quantidade de força que é razoavelmente necessária nas circunstâncias pode ser utilizada para efetuar uma detenção, impedir a fuga ou vencer a resistência."* http://www.legalupdateonline.com/4th/140. (Phillips, janeiro de 2010, p. 86-93).

E, tal como a força letal, a força menos letal não pode ser utilizada sem motivo suficiente; e as opções de força menos letais também têm diferentes níveis de intrusão. A utilização de gás pimenta, no que se refere à intrusão, é muito diferente de um golpe de bastão. Os dois sistemas de armas não são necessariamente níveis de força constitucionalmente equivalentes pelo simples facto de serem ambos classificados como não letais. Em vez de nos basearmos em caracterizações gerais, temos de avaliar a natureza do Uso da Força específico empregue numa situação específica. Todas as instâncias reais de Uso da Força serão avaliadas para determinar a quantidade de força permitida, com base nos seguintes factores: a gravidade do crime em questão, se o suspeito representava uma ameaça imediata à segurança dos agentes ou de outros, se o suspeito estava a resistir ativamente à detenção ou a tentar escapar à detenção através de fuga e quaisquer outras circunstâncias exigentes presentes no momento.

A jurisprudência referida constitui o enquadramento para as políticas e procedimentos de Uso da Força das forças policiais. Esta jurisprudência é ensinada na academia de polícia e na formação avançada de agentes. À medida que o agente desenvolve uma compreensão do papel e das responsabilidades relacionadas com as situações de detenção, é capaz de evitar o Uso Indevido da Força.

A volatilidade da situação é fundamental para o desafio que os agentes enfrentam quando confrontam um suspeito que resiste e decidem a quantidade ou o tipo de força a utilizar. Quando um agente está a tentar efetuar uma detenção legal e o suspeito resiste ativamente enquanto o agente tenta levá-lo sob custódia, justifica-se que o agente utilize uma quantidade razoável de força. A chave para o agente é determinar o que é razoável para ultrapassar a resistência do suspeito. A natureza humana é uma variável que tem de ser compreendida; quando um suspeito está a lutar e atinge um agente da polícia causando ferimentos, ou o agente está a perder o encontro e/ou corre o risco de sofrer ferimentos significativos, temos de perguntar: "Qual é a quantidade de força razoável para vencer a resistência?"

A gravidade do crime está no cerne desta questão, se o suspeito representava uma ameaça imediata à segurança dos agentes ou de outros, e como a falta de filosofia das artes marciais aumenta necessariamente a gravidade da força utilizada.

Capítulo 6
Impacto do uso da força O treino de artes marciais aumenta as capacidades do agente

Um agente da autoridade deve treinar diariamente para manter o condicionamento físico, a proficiência técnica, a fluência tática, a força espiritual e o controlo emocional; o treino diário deve abranger uma das áreas, com alguns dias de treino mais intenso para desenvolver novos limites e outros dias para manter e aperfeiçoar conjuntos de competências desenvolvidas a partir de uma vida de dedicação à mentalidade de guerreiro. (Major Morgan, 1992, p. 54-56).

Ao manter este estado sempre pronto de proficiência tática e mental através do treino de artes marciais, o agente da autoridade é capaz de limitar a sua reação emocional aos confrontos e lidar com a situação de forma estritamente profissional. (Major Morgan, 1992, Capítulo 3). Este treino de artes marciais não é o que se vê em combates em jaulas, torneios de karaté ou dojos comerciais nos Estados Unidos. Este é o tipo de treino que os guerreiros procuram dominar para garantir que são capazes de sobreviver a um conflito. Este treino tem um duplo objetivo: prepará-lo mental *e* fisicamente para encontros violentos. O treino de artes marciais especificamente concebido para a aplicação da lei tem um impacto direto na capacidade do agente da lei para sobreviver a um conflito. (Major Morgan, 1992, p. 286). A confiança desenvolvida no treino das artes marciais dá aos agentes confiança nas suas capacidades. A confiança, aliada à capacidade, dá ao agente opções no que respeita ao uso da força.

Liderança

Os agentes da autoridade que dedicam tempo a melhorar a sua formação académica desenvolvem competências de liderança como um subproduto das experiências colectivas do processo educativo. O treino de artes marciais não é diferente; também desenvolve capacidades de liderança através das experiências repetitivas e colectivas do treino, como se pode ver no estudo de caso do agente de segurança pública da USC. As capacidades de liderança que este oficial desenvolveu através do seu treino de artes marciais permitiram-lhe não entrar em pânico e encontrar uma resposta não letal para esta situação.

O agente acima mencionado já tinha visto situações semelhantes num ambiente de treino controlado através do seu treino de artes marciais e foi capaz de desenvolver uma resposta tática, sólida e menos letal à ameaça ativa. Este tipo de liderança não é criado num vácuo; é preciso dedicação, responsabilidade e treino para desenvolver este nível de maturidade.

Restrição

Os oficiais que treinam com instrutores de artes marciais que ensinam valores tradicionais desenvolvem a contenção como parte do seu treino. Estes guerreiros desenvolvem um sentido de honra e padrões éticos mais elevados do que o resto da sociedade. (Major Morgan, 1992, p. 24-27). No estudo de caso acima mencionado, o agente teria justificação para usar uma opção de força muito mais intrusiva, até e incluindo força mortal.

No entanto, o agente com formação em artes marciais do estudo de caso foi capaz de discernir a situação, adaptar as suas tácticas ao ambiente e fazer uma escolha que pôs fim ao conflito sem ferir gravemente o suspeito. Esta ação pode ser descrita com uma palavra: "carácter".

Capítulo 7
Impacto do treino de artes marciais na aplicação de detenção e controlo

Utilizei duas fontes de informação para demonstrar a necessidade de melhorar a excelência na formação em Prisão e Controlo das Forças Policiais. A fonte primária foi uma revisão da literatura; a segunda é a minha própria experiência extensiva, tanto na aplicação da lei como nas artes marciais; a informação adicional foi recebida de inúmeras palestras, apresentações em sala de aula, discussões entre pares, entrevistas com pessoal da aplicação da lei e especialistas em artes marciais.

O subproduto do treino das artes marciais, pela sua própria natureza, melhorará o treino da aplicação da lei. O ponto comum mais íntimo entre o artista marcial e a comunidade de agentes da autoridade é o ideal guerreiro imbuído de ética, um sentido de missão e lealdade. Tal como o artista marcial, o agente da autoridade treina em grupos para aperfeiçoar as suas capacidades; no entanto, quando o treino termina, lutam individualmente, seja no tapete do dojo, no campo de batalha ou num beco escuro de uma cidade dominada pelo crime.

O processo de treino desenvolve condicionamentos psicológicos ou formações de atitude, criando expectativas de sucesso, o que desenvolve um sentido de poder pessoal. Acrescentar a teoria das artes marciais ao processo de treino só irá melhorar o subproduto do treino. (Lewinski, 1988, Capítulo 1).

Na minha própria experiência, o benefício do treino de artes marciais não é apenas o desenvolvimento físico ou a aplicação de técnicas, mas também o crescimento mental. A capacidade de enfrentar o perigo sem medo, a convicção de que posso processar e discernir mentalmente situações críticas e chegar a uma conclusão concebida para utilizar o nível de força adequado, deu-me força quando enfrentei um suspeito combativo. Atribuo a aplicação prática do treino de artes marciais ao tratamento bem sucedido de inúmeros incidentes críticos ao longo dos meus quase 30 anos de carreira de agente da autoridade.

A principal diferença entre o treino de artes marciais e o treino de aplicação da lei é a forma como o treino é desenvolvido e como os conjuntos de competências são aplicados. Os agentes da autoridade passam por um treino mínimo de detenção e controlo durante a sua formação na academia de polícia, seguido de um treino mínimo de formação contínua após a graduação.

Com o treino de artes marciais, existe um regime de treino longo e detalhado com o desenvolvimento de conjuntos de competências específicas testadas num ambiente controlado no dojo ou num torneio de artes marciais com um árbitro a controlar os lutadores. (Major Morgan, 1992, Capítulo 3).

Os factores de controlo desenvolvidos no treino das artes marciais ajudam a facilitar um ambiente de aprendizagem estruturado para aperfeiçoar os conjuntos de competências de combate, a capacidade de o agente ser capaz de resolver problemas de combate sem a apreensão das consequências físicas negativas se cometer um erro ou subestimar o adversário dá ao agente um sentido de confiança desenvolvido e permite-lhe tentar e experimentar novos métodos, dando-lhe também o tempo necessário para desenvolver plenamente os conjuntos de competências através da autodescoberta. (Lewinski, 1988, pg 26-32).

Como o treino em artes marciais influencia o uso da força

Ao longo do tempo, o Arrest and Control continuou a desenvolver-se e a abraçar as suas raízes nas artes marciais. Os bloqueios de pulso, os bloqueios de torção e as técnicas de cumprimento utilizadas nas aplicações do Arrest and Control provêm diretamente do Jujitsu e do Aikido. Os sistemas de armas menos letais, como o bastão e o PR 24, são modelados a partir de ferramentas agrícolas japonesas usadas pelos agricultores japoneses antes da Segunda Guerra Mundial que procuravam defender-se dos males da sociedade.

Estas armas são excelentes para detenção e controlo; no entanto, as técnicas de artes marciais ensinadas na formação de detenção e controlo têm de ser praticadas e actualizadas regularmente para garantir que funcionarão para o agente no terreno.

Com demasiada frequência, as técnicas da Formação Avançada de Agentes de Detenção e Controlo não são praticadas fora do bloco de 4 horas da Formação de Detenção e Controlo obrigatória. Isto resulta numa limitação significativa no que diz respeito à aplicação da técnica e numa redução da confiança do agente na sua capacidade de aplicar as técnicas numa situação crítica num suspeito combativo no terreno. Sem confiança na sua capacidade de aplicar técnicas numa situação crítica, os agentes recorrem às opções de força mais intrusivas porque sabem que funcionam.

Uma formação consistente e contínua em detenção e controlo colmataria o fosso entre a teoria e a aplicação. Além disso, sem uma abordagem mais agressiva e realista à detenção e controlo e à formação em tácticas defensivas, os agentes continuarão a ter dificuldade em lidar com suspeitos combativos sem recorrer a opções de força intrusivas e agressivas.

Um estilo de treino de artes marciais é uma metodologia ideal para melhorar a confiança de um agente na aplicação de opções de força. Um dos subprodutos da formação em artes marciais é a capacidade de desenvolver a confiança nas próprias capacidades; as técnicas são ensaiadas e praticadas vezes sem conta num ambiente controlado, utilizando diferentes variações para garantir que o agente/aluno é proficiente na aplicação da técnica. À medida que o agente/aluno progride e se torna mais capaz, é capaz de passar de uma técnica para outra fluentemente e com maior facilidade, mantendo o controlo do suspeito e das suas próprias emoções.

Segurança dos agentes

O primeiro e principal objetivo em situações de detenção é o controlo do suspeito, quer seja com Controlo Positivo ou Controlo Físico. Com o Controlo Positivo do suspeito, um agente pode evitar a utilização de opções de força mais intrusivas, tais como armas de impacto ou o uso de Taser. O Controlo Positivo pode ser definido como o grau de controlo que um agente tem de exercer sobre o suspeito para obter o seu cumprimento. O controlo físico pode ser definido como a aplicação específica de técnicas cujo objetivo é permitir que o suspeito se mova apenas na direção e da forma que o agente escolher.

A capacidade do agente para obter Controlo Positivo e Controlo Físico é crucial para a eficácia das opções de força utilizadas no terreno. Quando um agente consegue obter o Controlo Positivo de um suspeito com a sua presença física, elimina a necessidade de utilizar técnicas de cumprimento no suspeito.

Com uma maior confiança na capacidade de obter Controlo Físico se e quando necessário, os agentes controlam melhor as suas emoções e são menos propensos a provocar "comportamentos de compensação" e a reagir de forma exagerada quando aplicam técnicas de Controlo Físico. (Koga & Pelkey, 2002, p.45-47).

À medida que as capacidades físicas do agente melhoram e o agente se torna perito nas suas capacidades de Detenção e Controlo, é capaz de reagir "no momento" com maior confiança e eficiência, melhorando a eficácia das técnicas utilizadas. Esta confiança também melhora drasticamente a segurança do agente e do suspeito. (Koga & Pelkey, 2002, Capítulo 4).

Estes conjuntos de competências são vitais para o sucesso do agente da autoridade quando lida com um suspeito combativo; os agentes que não estão confiantes nas suas capacidades evitam o conflito com o suspeito ou, como resultado, não efectuam a detenção ou compensam excessivamente utilizando força excessiva. Em ambos os casos, estes comportamentos de compensação não são do interesse das comunidades que servimos. (Remsberg, 1986).

Cultura policial

Os agentes da polícia em geral evitam ir para o chão durante um confronto; no entanto, é do conhecimento geral nos círculos de aplicação da lei que a maioria dos encontros físicos que envolvem a polícia e um suspeito acabam no chão. Quando os agentes levam os suspeitos para o chão, têm tendência a aumentar a força utilizada para controlar o suspeito. Esta tendência baseia-se principalmente no receio de perder o controlo da sua arma de serviço principal. O aumento do nível de força utilizado nestas situações conduziu a um aumento inaceitável da responsabilidade dos departamentos de polícia e das cidades e condados em que os agentes prestam serviço.

A incapacidade geral de controlar o suspeito sem aumentar as opções de força por parte dos agentes da polícia provocou uma mudança de paradigma nas percepções e responsabilidades do agente. (Thomas, 1996, cap. v). Espera-se que um agente de polícia seja capaz de lidar com uma detenção física que vá para o chão sem ter de recorrer necessariamente ao uso contínuo da força. A incapacidade do agente de efetuar uma detenção no solo (sem factores adicionais de segurança do agente) já não é uma razão aceitável para aumentar as opções de força para efetuar a detenção. É da responsabilidade do agente treinar e tornar-se proficiente em técnicas de controlo no solo. Espera-se que os agentes sejam capazes de controlar os suspeitos sem ferir desnecessariamente o suspeito que estão a tentar controlar. (Koga & Pelkey, 2002).

A influência do Jiu-jitsu na detenção e controlo

As técnicas de Jiu-jitsu oferecem aos agentes da polícia ferramentas adicionais para lidar com as situações violentas que vão para o chão; mais importante ainda, as técnicas de Jiu-jitsu são facilmente adaptadas às actuais metodologias de Detenção e Controlo da polícia. No entanto, a adição de técnicas de Jiu-jitsu ao currículo de Tácticas Defensivas não tem sido fácil. O receio de ir para o chão e perder o controlo da sua arma de serviço durante situações de Detenção e Controlo, podendo sofrer ferimentos graves ou a morte, paralisa a maioria dos agentes com medo. Devido à falta de formação consistente em Tácticas Defensivas, os agentes da polícia que não praticam artes marciais podem não ter confiança nas técnicas de Detenção e Controlo. Mais importante ainda, a falta de confiança nas Tácticas Defensivas resulta no uso de níveis mais elevados de força por parte do agente para ultrapassar a resistência do suspeito. (Adams, McTernan &,Remsberg, 1980).

Sem uma maior formação em técnicas de controlo terrestre de Tácticas Defensivas, os agentes podem compensar excessivamente, aumentando a força utilizada para vencer a resistência do suspeito. O aumento das opções de força devido à falta de confiança do agente na utilização de técnicas de controlo no solo aumentará potencialmente os ferimentos nos suspeitos, bem como o risco acrescido de ferimentos no agente da polícia, para não falar da responsabilidade civil. (Koga & Pelkey, 2002, p. 78).

A confiança nas próprias capacidades é uma componente essencial de sobrevivência em qualquer conflito; o Uso da Força em situações de Detenção e Controlo não é diferente. O agente deve ultrapassar os seus medos e confiar na sua formação quando aplica Tácticas Defensivas. (Scaglione & Cummins, 1994, 100-101).

"O medo leva à hesitação e a hesitação mata", declarou o Tenente Ed Garcia da Polícia do Condado de Los Angeles durante uma recente palestra de formação em Tácticas Defensivas. O Tenente Garcia afirmou ainda que "... o componente chave para sobreviver numa luta no chão é a confiança; a confiança vem da habilidade e a habilidade vem da prática".

De acordo com Remsberg, a "Escada para a Sobrevivência do Agente" exige que o agente transcenda várias experiências emocionais, "Inércia" (não me vai acontecer), "Pânico" (em situações novas), "Esforço" (aprender as técnicas que aumentarão a sua eficácia), "Lidar" (adaptar novas técnicas) e "Domínio" (utilização efectiva das técnicas). (Remsberg, 1986, p. 4-5). As capacidades físicas desenvolvidas pela aprendizagem de técnicas de Jiu-jitsu podem ajudar a manter o agente vivo e sem ferimentos durante os conflitos físicos, para além de ajudarem a desenvolver um condicionamento mental que preparará o agente para a situação antes de ela acontecer. (Morgan, 1992). Através do treino, o agente é colocado em situações semelhantes num ambiente controlado, permitindo-lhe desenvolver as competências necessárias para ultrapassar a resistência dos suspeitos. O processo de treino permite ao agente de polícia descobrir o momento "AHH HAA" em que ele ou ela atinge o objetivo pretendido do exercício. Ao permitir que o agente descubra o objeto da lição "no momento", o nível de retenção aumenta, dando ao agente uma vantagem tática quando se depara com uma situação semelhante no terreno. (Remsberg, 1986, p. 24-25).

Vencer o medo

O público espera que os agentes da polícia sejam altamente treinados e moralmente corretos, bem como que estejam sempre em total controlo das suas emoções. O facto é que os polícias enfrentam os seus medos todos os dias numa grande variedade de situações, e raramente deixam transparecer os seus medos. Se um agente da polícia mostrar medo durante o cumprimento do seu dever, a sua idoneidade para ser polícia é questionada pelo público e pelos colegas polícias. A cultura policial de ser "destemido" muitas vezes impede a aprendizagem de novos métodos e técnicas em Tácticas Defensivas se os agentes não estiverem confiantes com as técnicas que estão a ser ensinadas. O território desconhecido faz com que o agente tenha uma sensação de fraqueza, o que é inaceitável numa situação de combate, incluindo situações de treino. Para compensar a falta de confiança, os agentes resistem a novos métodos e confiam no que funcionou para eles no passado. (Ruge, 2005, 40-42).

Os agentes de polícia que aprendem novos métodos de detenção e controlo devem dominar essas novas competências num ambiente de formação. O domínio num ambiente de formação irá eliminar o medo de implementar novas técnicas, aumentando a sua confiança, o que, por sua vez, aumenta a sua eficácia no terreno. Mais importante ainda, a utilização eficiente destes conjuntos de competências ajudará o agente a efetuar uma detenção sem aumentar desnecessariamente as suas opções de força.

O lema da polícia, "Excelência em Tudo o que Fazemos", não é um conceito novo na aplicação da lei; de facto, espera-se excelência dos funcionários públicos. No livro "The Warriors' Mantra", Aristóteles é citado como tendo dito: "A excelência não é um ato isolado, mas um hábito". Esta citação de Aristóteles é diretamente aplicável à aplicação da lei; hábitos consistentes e sólidos na preparação mental e física necessária para lidar com encontros físicos devem sobrepor-se ao medo de aprender novas técnicas de Detenção e Controlo. (Ruge, 2005).

Filosofia do Jiu-jitsu

O jiu-jitsu é um dos sistemas de artes marciais mais eficazes e potencialmente destrutivos desenvolvidos. Permite ao praticante a capacidade de aplicar uma pressão intensa nos apêndices do sujeito, causando-lhe dor extrema com pouco esforço do praticante. O sexo, o peso e a força não são factores a ter em conta se o praticante tiver conhecimentos da arte marcial do Jiu-jitsu. Devido ao potencial de ferimentos graves, o estudante diligente de Jiu-jitsu deve aceitar a filosofia da não-violência e desenvolver uma grande dose de auto-controlo ao aplicar as técnicas de Jiu-jitsu. (Alexander, 1995, 15-17).

A mudança de paradigma que apoia a realidade de que a maioria dos conflitos relacionados com a polícia acabará no terreno desafia os especialistas estabelecidos dos programas de Detenção e Controlo. (Thomas, 1996, p. 45-51). A maior parte dos especialistas em Tácticas Defensivas tem uma sólida formação em Karaté, Judo ou Aikido, todos eles centrados no controlo, equilíbrio e poder. (Alexander, 2004). Embora o Karaté, o Judo e o Aikido sejam sistemas de artes marciais eficazes e tenham uma capacidade de cruzamento muito boa em técnicas de Detenção e Controlo, falta-lhes o aspeto essencial do controlo no solo. A título de exemplo, as técnicas ensinadas e aplicadas no Sistema de Detenção e Controlo de Koga são construídas em torno do controlo e da força. (Koga & Pelkey, 1998, 37-40). Em igualdade de circunstâncias, o Sistema de Detenção e Controlo de Koga é eficaz; no entanto, quando as coisas não são iguais, o agente mais pequeno fica em desvantagem quando a situação se agrava e é necessário recorrer à força para vencer a resistência.

As limitações físicas dos agentes de baixa estatura, dos agentes mais velhos ou dos agentes com ferimentos ditam que a pessoa maior e com mais poder terá vantagem num confronto físico. (Alexander & Penland, 1998, 1518). Isto é problemático para os tipos de agentes acima mencionados. Para enfrentar a ameaça apresentada por um suspeito maior, este agente tem de aumentar o nível de força para vencer a resistência; numa situação extrema, uma situação não letal torna-se letal. É mais do que provável que uma situação que poderia ter sido ultrapassada com um uso menos intrusivo da força tenha causado desnecessariamente ferimentos indevidos ao agente e/ou ao suspeito, o que conduz a responsabilidade e a potenciais litígios. (Remsberg, 1986).

Lições do passado

Se olharmos para os últimos 25 anos de desenvolvimento das Tácticas Defensivas, o foco principal era a pontaria e a aptidão física. A premissa era que, se o suspeito conseguisse obter uma vantagem, o agente teria justificação para aumentar o uso da força, incluindo força letal para vencer a resistência. (Remsberg, 1986, 429-434). Com o passar do tempo, o nível de força utilizado para vencer a resistência ativa de um suspeito tornou-se um "choque para a consciência do tribunal", o que resultou em jurisprudência como *Tennessee v Garner* 471 U.S. 1 (1985), que limita o nível de força utilizado pelo agente da polícia num suspeito de crime quando o suspeito não representa uma ameaça imediata para o agente ou para a comunidade.

O método aceite para obter a colaboração de um suspeito durante uma detenção consistia em aplicar-lhe dor até que ele colaborasse; em teoria, com pressão suficiente, o suspeito colaboraria. No entanto, o que é que acontece quando o suspeito está em modo de "luta ou fuga"? O suspeito sente que está a lutar pela sua vida ou que tem de fugir para viver. Ou o sujeito pode estar sob a influência de um narcótico que suprime a sensação de dor. Em ambos os casos, é necessária mais força para subjugar o suspeito, aumentando o risco de ferimentos para o suspeito e para os agentes envolvidos.

Analisemos o incidente de Rodney King com a CHP e a LAPD. Ficaria surpreendido se soubesse que as tácticas utilizadas na detenção de Rodney King estavam a ser ensinadas na academia de polícia na altura? Ou que o juiz Davies do segundo julgamento decidiu, no seu memorando de sentença, que, de um total de mais de cinquenta golpes de bastão, apenas os últimos seis infligidos pelo agente Powell não eram razoáveis e, por conseguinte, eram excessivos? O juiz decidiu ainda que os ferimentos na cabeça e as fracturas faciais de Rodney King, bem como a fratura da perna, faziam todos parte de um uso razoável da força. A força só se tornou excessiva quando o agente Powell não parou de o agredir no final da gravação, quando se considerou que King tinha deixado de resistir.

Isto leva-nos a concluir que o público nem sempre percebe e avalia a força utilizada da mesma forma que as forças policiais e o sistema judicial. Porquê? Porque pode levar a sérios problemas quando os membros desse mesmo público, que são os políticos, membros do conselho de administração, administradores ou funcionários eleitos, avaliam os incidentes da força policial. Na verdade, existem de facto algumas influências muito específicas que criaram esta divisão. Identificá-las e compreendê-las pode ajudar a explicar por que razão vemos as coisas de forma diferente e como podemos corrigir o problema.

No estudo de caso de Rodney King acima mencionado, poder-se-ia perguntar se houve um lapso de julgamento no uso da força que os agentes utilizaram para controlar a resistência ativa de Rodney King. A resposta é não, os agentes fizeram o que tinham sido treinados para fazer; aumentaram gradualmente o nível de força para vencer a resistência, tal como lhes tinha sido ensinado. A culpa é do departamento, que não treinou corretamente os agentes para lidarem com situações extremas. Os agentes não consideraram a possibilidade de utilizar técnicas alternativas para conseguir que o suspeito obedecesse, continuaram a aumentar o nível de força utilizada sobre o suspeito até que este cedeu.

Um exemplo de um método eficaz para vencer a resistência, que pode ter sido eficaz na situação de Rodney King ou quando um suspeito não está a responder ao cumprimento da dor, é uma técnica de vários agentes chamada "Enxame". Idealmente, o enxame é empregue com cinco agentes, mas pode ser utilizado com um mínimo de três. A técnica do enxame maximiza o peso combinado dos agentes. Cada agente ganha o controlo de um apêndice aplicando o seu peso corporal ao braço ou à perna do suspeito. O enxame é eficaz com os suspeitos que estão sob a influência de drogas, uma vez que a técnica não se baseia na adesão à dor, mas no peso combinado dos agentes.

O incidente de Rodney King é apenas um incidente que sublinha a necessidade de os departamentos de polícia considerarem outros métodos de aplicação da força a indivíduos que resistem ativamente. A necessidade de os agentes da polícia desenvolverem competências que lhes permitam lidar eficazmente com situações cada vez mais violentas sem recorrerem a opções de força extremas tornou-se cada vez mais importante na tentativa de reduzir os ferimentos dos agentes e dos suspeitos, bem como de diminuir a responsabilidade.

Aplicações de Jiu-jitsu em Opções de Força

No início da década de 1990, um artista marcial chamado Royce Gracie estava fazendo afirmações ousadas sobre a eficácia do Gracie Jujitsu. Royce declarou que poderia vencer qualquer um numa luta "sem barreiras". A escola Gracie Jujitsu apoiou o desafio aberto com um prémio de $100.000,00 para a pessoa que o conseguisse vencer. Para aumentar o entusiasmo, Royce Gracie era um homem de estatura mediana, com

1,80m de altura e cerca de 90kg. Muitos desafiantes aceitaram a oferta de Royce e todos eles perderam.

Mais tarde, o desafio Gracie evoluiu para o Ultimate Fighting Championships, visto pelo público em pay per view. Royce Gracie continuou a vencer cada luta usando o jiu-jítsu contra adversários muito maiores. Como resultado do domínio dos Gracie nessas competições, ele conseguiu atrair policiais como alunos e, então, criou uma aula especificamente para policiais. Os benefícios da arte marcial do Jiu-jítsu foram apresentados aos policiais por meio de seminários de Táticas Defensivas em todos os Estados Unidos. Com a introdução de algumas técnicas básicas de Jiu-jitsu, um agente da polícia de estatura média era capaz de controlar indivíduos maiores no ambiente de treino.

Com uma confiança acrescida, os agentes da polícia que foram apresentados às técnicas de Jiu-jitsu aplicaram-nas em situações de Tácticas Defensivas com excelentes resultados. O sucesso das aplicações do Jiu-jitsu em Tácticas Defensivas espalhou-se por toda a comunidade de formação com histórias de pequenos agentes lidar com suspeitos muito maiores com facilidade.

Como já foi referido, a maior parte dos confrontos policiais envolvendo força física acabam no chão. Os agentes treinados em Jiu-jitsu têm uma vantagem distinta quando lidam com suspeitos que resistem ativamente sem recorrer a um nível crescente de força; este desenvolvimento diminui o número de ferimentos e a responsabilidade resultante também.

Como exemplo da eficácia com que as técnicas de Jujutsu podem ser usadas numa situação de Detenção e Controlo, vamos analisar um protesto não violento em que os indivíduos estão de braços cruzados e se recusam a abandonar a área depois de ter sido dada uma ordem de dispersão legal. Em práticas anteriores, os agentes que recebiam ordens para retirar os objectos usavam técnicas de cumprimento da dor para cumprir a ordem; em vários casos, as técnicas usadas causavam lesões traumáticas nos objectos, resultando em queixas e litígios por uso excessivo da força.

Técnicas eficazes de Jujutsu

A utilização de uma técnica simples de Jujutsu conhecida como "Deslocamento Lateral da Cabeça" num indivíduo cujos braços estão entrelaçados com outros, fará com que o indivíduo liberte os seus braços sem causar ferimentos, reduzindo de facto os ferimentos no indivíduo e diminuindo o potencial de responsabilidade.

Na Figura 1, os agentes demonstram a eficácia da técnica de "Deslocamento Lateral da Cabeça" que está a ser ensinada aos agentes do Departamento de Segurança Pública da Universidade do Sul da Califórnia. Como se pode ver na fotografia, o agente está a utilizar uma técnica de Jiu-jitsu para facilitar a obediência sem recorrer a técnicas que causariam lesões traumáticas A técnica de "Deslocamento Lateral da Cabeça" é uma das muitas técnicas não traumáticas disponíveis para utilização em situações de Detenção e Controlo.

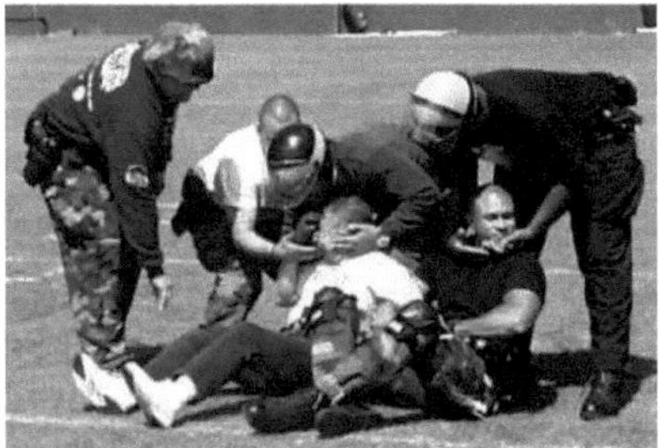

Figura 1. "Deslocamento lateral da cabeça"

Resistir ativamente ao suspeito

Quando um agente é confrontado com um suspeito que resiste ativamente, como demonstrado na Figura 2 até à Figura 5, podem ser utilizadas técnicas de Jujutsu para ultrapassar a resistência ativa. Neste exemplo, verá um agente muito mais pequeno a fechar a brecha para aplicar uma varredura de uma perna para levar o suspeito para o chão. Neste exemplo, o agente muito mais pequeno controla o suspeito muito maior.

Figura 2. Posição defensiva.

Figura 3. Movimento lateral para evitar o ataque de um suspeito.

Figura 4. Redirecionar o poder do sujeito para obter a vantagem posicional.

Figura 5. Vantagem Posicional, Fora do Poder do Suspeito (O exercício de treino foi interrompido imediatamente antes da varredura com uma só perna para evitar ferimentos nos agentes).

Controlo do solo

Uma das posições de Jiu-jitsu mais eficazes para um agente da polícia é a Montada. A montada permite que o agente utilize o peso do seu corpo e a sua posição como uma vantagem decisiva sobre o sujeito que está de costas ou de barriga para baixo (Alexander & Penland, 1998, 16-19). O agente pode controlar as acções do suspeito e utilizar uma série de técnicas de jiu-jitsu para obter a sua complacência sem aumentar a força para uma opção de força mais intrusiva, como os sistemas de armas de impacto, como se pode ver na Figura 6.

Figura 6. Usando uma arma de impacto para superar a resistência.

A posição de Monte coloca o suspeito de costas e o agente sentado em cima do suspeito numa posição dominante. A Montada dá ao agente uma excelente posição para empregar várias técnicas de Jiu-jitsu muito eficazes para neutralizar o ataque do suspeito; permitindo assim que o agente ganhe vantagem ao mover-se para uma posição para algemar o suspeito sem escalar para uma opção de força mais intrusiva. A montagem é ilustrada na Figura 7.

Figura 7. O Monte - Shudokan Ryu, Treino de Taiho Jutsu.

A utilização do Jiu-jitsu está a ser cada vez mais aceite pelas agências policiais como um sistema no qual se baseiam as aplicações de Tácticas Defensivas, o que resulta numa menor necessidade de os agentes recorrerem a níveis mais elevados de força e diminui o risco de responsabilidade e o número de ferimentos em agentes e suspeitos.

Como exemplo de comparação de responsabilidades num estudo de caso de Uso da Força, vamos examinar a utilização de opções de força intermédias para obter o cumprimento de um suspeito que resiste ativamente. O suspeito não está a obedecer às ordens do agente e está a atacá-lo agressivamente. O agente pode, justificadamente, utilizar o seu bastão como arma de impacto para vencer a resistência e obter a obediência do suspeito, conforme ilustrado na Figura 6, ou o agente pode passar para uma posição de vantagem e utilizar uma das várias técnicas de transição, levando o suspeito para o chão numa posição de algema, conforme ilustrado nas Figuras 8, 9 e 10.

Figura 8. Demonstração de uma descida de "perna única" do chão.

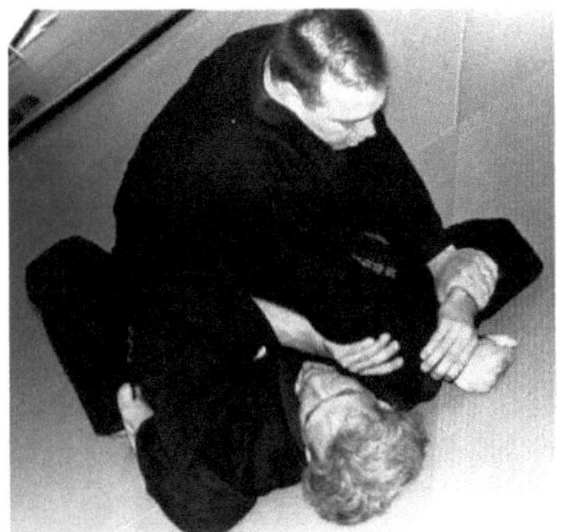

Figura 9. Utilizando o Cross Face Rollover, passando para a posição de algema a partir da montagem.

Figura 10. Posição de algema a partir da montagem.

Ultrapassar a resistência cultural

Tal como acontece com a maioria das profissões, quando se alteram práticas estabelecidas, haverá resistência; a comunidade de agentes da autoridade não é diferente. (de Certeau, 1988, cap. 5). Além disso, a mudança na teoria e na prática será posta em causa pela cultura estabelecida e pela consciência colectiva dominante da comunidade dos serviços de aplicação da lei. (Bourdieu, 1977, 22-25). Para ser eficaz na mudança da cultura da aplicação da lei no que diz respeito às opções de força, os instrutores de Tácticas Defensivas estabelecidos precisam de reconhecer a eficácia do Jiu-jitsu na

Detenção e Controlo e não usar o seu poder posicional para impedir o desenvolvimento contínuo das Tácticas Defensivas. (Hall, 2003, p. 48-49).

Conhecimentos primários

Os agentes da polícia adquirem conhecimentos de várias formas. Uma das formas mais eficazes de desenvolver o conhecimento é a experiência pessoal; na medida em que, para mudar a eficácia das Tácticas Defensivas na comunidade de aplicação da lei, os agentes individuais precisam de treinar e experimentar o uso de técnicas de Jiu-jitsu no que se refere às Tácticas Defensivas. As lições aprendidas através da experiência pessoal durante o treinamento prático serão adicionadas como conhecimento primário pelos oficiais que participam. A utilização bem sucedida das técnicas de Jiu-jitsu em Tácticas Defensivas desenvolvidas a partir destas situações, e posteriormente partilhadas na formação nominal, são uma forma de conhecimento secundário para os agentes que estão a ser verbalmente apresentados aos novos métodos de Detenção e Controlo. (Rushforth, 1992).

Figura 11. Uma montagem de fotografias de formação que ilustra a forma como um agente de polícia adquire conhecimentos primários.

Em apoio às políticas do departamento, os métodos de formação estabelecidos devem estar em conformidade com as Diretrizes de Utilização da Força do Departamento. Durante a formação do departamento, um oficial de segurança actua como mediador, monitorizando o ambiente de formação, assegurando a conformidade com as políticas e métodos do departamento, conforme ilustrado na Figura 12.

Figura 12. Intervenção de treinamento quando o policial excede o escopo da força autorizada.

É evidente que, na situação descrita na Figura 12, o suspeito teria sido desnecessariamente ferido se tivesse sido atingido por uma arma de impacto enquanto cumpria as ordens do agente. A ideia de o agente da polícia ser o juiz, o júri e o carrasco não se enquadra bem na visão moderna que a sociedade tem do trabalho policial; além disso, o abuso de poder é uma violação da confiança pública. (Foucault, 1975, 73-103).

À medida que a aplicação do Jiu-jitsu na detenção e controlo continua a ser desenvolvida, a capacidade do agente para aplicar técnicas eficazes para subjugar um suspeito, em vez de recorrer a opções de força mais intrusivas para obter a sua conformidade, é promissora. (Thomas, 2000). A aplicação do Jiu-jitsu nas metodologias de Tácticas Defensivas e de Detenção e Controlo não eliminará a necessidade de opções de força integradas; no entanto, as técnicas de Jiu-jitsu dão aos agentes a capacidade de empregar outras opções de força para obter a obediência do suspeito antes de passar para o continuum da força. (Young, 2004).

A capacidade de os agentes da polícia lidarem com suspeitos agressivos quando a luta vai para o chão sem recorrerem a um aumento do nível de força é um desenvolvimento promissor nas Tácticas Defensivas. Além disso, à medida que os agentes da polícia aumentam os seus conhecimentos sobre a eficácia do Jiu-jitsu como uma opção viável nas Tácticas Defensivas, haverá uma redução dos ferimentos e da responsabilidade civil, mas, mais importante ainda, aumentará as capacidades e a eficácia dos agentes da polícia em todos os Estados Unidos. (Young, 74).

Conclusão

A Comissão de Normas e Formação de Agentes da Paz (POST) foi criada para estabelecer normas mínimas de seleção e formação para as agências de aplicação da lei da Califórnia. A POST foi concebida para garantir que os agentes da autoridade tenham as competências necessárias, desenvolvidas através de formação, para lidar com as muitas situações difíceis que enfrentarão durante a sua carreira de funcionários públicos.

Tal como argumentado ao longo deste projeto sumativo, as 4 horas de formação contínua em Detenção e Controlo não preparam os agentes da autoridade para os muitos desafios físicos que se colocam quando lidam com suspeitos que resistem. Os agentes da autoridade precisam de estar confiantes com o conjunto de competências de Detenção e Controlo para empregarem com confiança as técnicas avançadas de Tácticas Defensivas aprendidas na formação de Detenção e Controlo. A falta de "tempo de tapete" para aperfeiçoar as técnicas de detenção e controlo corroerá a confiança do agente ao aplicar as técnicas. A formação inadequada resulta em reacções exageradas e força indevida. Estas acções são responsáveis pelo aumento da responsabilidade do agente da autoridade, bem como do departamento.

As técnicas de artes marciais têm sido utilizadas na formação de detenção e controlo há décadas; no entanto, as técnicas por si só não preparam os agentes para lidar com suspeitos resistentes. O argumento deste projeto sumativo é que é necessária uma formação consistente em técnicas avançadas de detenção e controlo para dar aos agentes da polícia a competência e a confiança necessárias para aplicarem com êxito essas técnicas a suspeitos resistentes. As técnicas, por si só, podem não ser suficientes para vencer a resistência de um suspeito. É preciso "tempo de tapete" para aperfeiçoar as competências necessárias para evitar ferimentos desnecessários.

A introdução de técnicas de artes marciais na detenção e controlo é apenas uma parte do processo. Um agente tem de ter formação suficiente e equilíbrio na utilização das técnicas para as empregar com confiança e sem hesitação. A falta de formação em matéria de detenção e controlo está especificamente relacionada com a falta de confiança em conjuntos específicos de técnicas de detenção e controlo. Além disso, esta falta de confiança leva a uma hesitação em atuar, o que resulta em abuso verbal ou força desnecessária para obter o cumprimento.

Os inquéritos deste projeto sumativo mostram que os especialistas em Uso da Força concordam que os incidentes desnecessários de Uso da Força podem ser evitados com uma formação adequada. Também concordam que a confiança aprendida com a formação centrada nas artes marciais reduz o potencial de abuso por parte dos agentes.

A filosofia das artes marciais, que enfatiza o controlo, a confiança e a humildade, aplicada à formação em Detenção e Controlo, ajudará os agentes a desenvolverem confiança na utilização bem sucedida das técnicas de Detenção e Controlo.

Como se pode ver no estudo de caso acima mencionado, a confiança do agente adquirida através do treino de artes marciais deu-lhe as competências necessárias para lidar com um suspeito armado sem recorrer à força mortal. A capacidade deste agente para identificar e responder à ameaça sem necessidade de aumentar as opções de força salvou, na realidade, a vida do suspeito.

A adição de uma formação consistente em artes marciais à detenção e controlo introduz técnicas de artes marciais aos agentes; no entanto, é necessária uma formação consistente para aplicar as técnicas de resistência ativa a suspeitos no terreno com a competência e a confiança necessárias para controlar os suspeitos. O mínimo POST de 4 horas de formação em Detenção e Controlo de dois em dois anos não é suficiente para manter o conjunto de competências. As ocorrências de incidentes desnecessários de Uso da Força serão evitadas com formação contínua. A filosofia das artes marciais, que enfatiza o controlo, a confiança e a humildade, quando aplicada à formação em Detenção e Controlo, dará aos agentes confiança no seu conjunto de competências de Detenção e Controlo.

A jurisprudência relevante relativa ao uso da força pela polícia inclui *Tennessee v. Garner, Graham v. Connor* e *Terry v. Ohio*. No processo *Graham v. Connor* do Supremo Tribunal, a chave é "razoável". A força é razoável? Será razoável que o suspeito tenha sido detido, algemado e espancado, enquanto o agente investigava uma ação suspeita? A resposta é não, e a ação do agente não foi razoável; "confiscar a liberdade de alguém" é uma violação do Quarto Aditamento.

No caso *Tennessee v. Garner*, o Supremo Tribunal dos EUA concordou que o departamento não limitou corretamente a utilização de força letal pelos agentes da autoridade. Os tribunais consideraram que a Quarta Emenda proíbe um agente da polícia de utilizar a força letal como último recurso para deter um criminoso se não houver uma ameaça imediata para o público.

Outro exemplo de jurisprudência que ajuda o agente é o acórdão *Terry v. Ohio*. Esta jurisprudência confere aos agentes a autoridade para revistar armas quando detêm um suspeito, desde que tenham suspeitas razoáveis para efetuar a paragem. A busca de armas é o que normalmente se designa por "Terry Stop".

Toda a força deve ser "razoável" para ser justificada; a força utilizada deve satisfazer o teste de equilíbrio *Graham v. Connor*. Deve ser "razoável" na sua totalidade. "Apenas a quantidade de força razoavelmente necessária nas circunstâncias pode ser utilizada para efetuar uma detenção, impedir a fuga ou vencer a resistência." Todos os incidentes de Uso da Força serão avaliados tendo em conta o seguinte: a gravidade do crime em questão, se o suspeito representava uma ameaça imediata para a segurança dos agentes ou de outros, se o suspeito estava a resistir ativamente à detenção ou a tentar escapar à detenção através da fuga e quaisquer outras circunstâncias exigentes presentes no momento.

Para o agente responsável pela aplicação da lei, a jurisprudência referida constitui o enquadramento para a política e os procedimentos de "Utilização da Força" da aplicação da lei. Esta jurisprudência é ensinada e revista na academia de polícia e na formação avançada de agentes.

A volatilidade da situação é fundamental para o desafio que os agentes enfrentam quando confrontam um suspeito que resiste e decidem a quantidade ou o tipo de força a utilizar. Quando um agente está a tentar efetuar uma detenção legal e o suspeito resiste ativamente enquanto o agente tenta levá-lo sob custódia, o agente tem o direito de utilizar uma quantidade razoável de força. A chave para o agente é determinar o que é razoável para vencer a resistência. A natureza humana é uma variável que tem de ser compreendida; quando um suspeito está a lutar e bate num agente da polícia, causando-lhe ferimentos, ou quando o agente está prestes a perder o encontro e/ou corre o risco de sofrer ferimentos significativos, temos de perguntar: "Qual é a quantidade de força razoável para vencer a resistência?" A gravidade do crime, o facto de o suspeito representar ou não uma ameaça imediata à segurança dos agentes ou do público, ou a existência de circunstâncias exigentes, são factores a ter em conta na utilização da força.

Os inquéritos referenciados no Apêndice C, Inquérito aos Instrutores de Artes Marciais, indicam que o treino de artes marciais aumenta as capacidades físicas do agente, bem como a sua capacidade de pensar sob stress. O Apêndice B, Inquérito sobre a Aplicação da Lei, indica que os agentes da lei devem treinar semanalmente para manter o condicionamento físico, a proficiência técnica, a fluência tática e a capacidade de tomada de decisões. Este treino tem um duplo objetivo: prepará-lo mental *e* fisicamente para encontros violentos. O treino de artes marciais, especificamente concebido para a aplicação da lei, tem um impacto direto na capacidade do agente da lei para sobreviver a um conflito. A confiança desenvolvida no treino de artes marciais também desenvolve a confiança nos seus encontros públicos.

Os agentes da autoridade que dedicam tempo a melhorar a sua formação académica desenvolvem capacidades de liderança como um subproduto das experiências colectivas do processo educativo. O treino das artes marciais não é diferente; também desenvolve capacidades de liderança através das experiências repetitivas e colectivas do treino, como vimos no estudo de caso das acções do agente de segurança pública Rick Roseli. A formação em artes marciais do agente Roseli permitiu-lhe manter a calma e encontrar uma resposta não letal para esta situação.

Tal como representado pela ação da agente Roseli, o subproduto do treino das artes marciais, pela sua própria natureza, melhorará o treino da aplicação da lei. A semelhança mais importante entre o artista marcial e as comunidades de aplicação da lei é a ética que lhes está subjacente.

O processo de treino das artes marciais desenvolve o condicionamento psicológico ou a formação de atitudes, criando expectativas de sucesso que desenvolvem um sentido de poder pessoal. Outros benefícios incluem a confiança para enfrentar o perigo sem medo (ou, se o medo estiver presente, não deixar que ele influencie negativamente o comportamento), a capacidade de processar mentalmente e discernir situações críticas e chegar a uma conclusão que empregue o nível apropriado de força ao enfrentar um suspeito combativo.

A principal diferença entre o treino de artes marciais e o treino de aplicação da lei é a forma como o treino é desenvolvido e as competências desenvolvidas. Os agentes da autoridade passam por uma formação mínima de detenção e controlo durante a sua formação na academia de polícia, seguida de uma formação mínima de educação contínua após a graduação.

Com o treino de artes marciais, existe um regime de treino longo e detalhado com o desenvolvimento de conjuntos de competências específicas testadas num ambiente controlado no dojo. Os factores de controlo desenvolvidos no treino das artes marciais ajudam a facilitar um ambiente de aprendizagem estruturado. Este ambiente permite que o oficial aperfeiçoe as suas capacidades de combate. A capacidade de resolver problemas de combate sem o receio das consequências físicas negativas desenvolve um sentido de confiança no agente. Ao cumprir o mínimo POST de 4 horas de formação em Detenção e Controlo, o agente é exposto às técnicas mas não adquire a confiança necessária para as aplicar.

O Arrest and Control continua a desenvolver-se e a abraçar as suas raízes nas artes marciais. Os bloqueios de pulso, os bloqueios de torção e as técnicas de cumprimento utilizadas nas aplicações de detenção e controlo provêm diretamente do Jujitsu e do Aikido. Estas técnicas são excelentes para a detenção e controlo; no entanto, as técnicas de artes marciais ensinadas na formação de detenção e controlo têm de ser praticadas e actualizadas regularmente para garantir que funcionarão para o agente no terreno.

Com demasiada frequência, as técnicas da formação avançada de agentes de detenção e controlo não são praticadas fora do bloco de 4 horas de formação obrigatória de detenção e controlo. Este facto deixa uma limitação significativa à aplicação das técnicas, bem como à confiança na capacidade do agente para aplicar essas técnicas numa situação crítica num suspeito combativo no terreno. Sem a confiança na sua capacidade de aplicar técnicas em situações críticas, os agentes recorrem às opções de força mais intrusivas que sabem que funcionarão.

O treino do tipo artes marciais é uma metodologia ideal para melhorar a confiança dos agentes nas opções de aplicação da força. Como indicado no Apêndice A, o subproduto do treino de artes marciais é a capacidade de desenvolver confiança nas próprias capacidades. À medida que o agente/aluno progride e se torna mais capaz, é capaz de passar de uma técnica para outra fluentemente e com maior facilidade, mantendo o controlo do suspeito, bem como das suas próprias emoções.

Com uma maior confiança na capacidade de obter controlo físico, os agentes controlam melhor as suas emoções e têm menos probabilidades de utilizar "comportamentos de compensação", exagerando na aplicação de técnicas de controlo físico.

Estes conjuntos de competências são vitais para o sucesso do agente da autoridade quando lida com um suspeito combativo; os agentes que não estão confiantes nas suas capacidades evitam o conflito com o suspeito ou, como resultado, não efectuam a detenção ou, se decidirem agir, compensam excessivamente usando força excessiva.

A incapacidade geral de controlar o suspeito sem aumentar as opções de força por parte dos agentes da polícia provocou uma mudança de paradigma nas percepções e responsabilidades do agente. Espera-se que um agente de polícia seja capaz de efetuar uma detenção física sem ter de recorrer necessariamente à força. A incapacidade do agente de efetuar uma detenção (sem factores adicionais de segurança do agente) já não é uma razão aceitável para aumentar as opções de força para efetuar a detenção. É da responsabilidade do agente treinar e tornar-se proficiente em técnicas de detenção e controlo. Os agentes devem ser capazes de controlar os suspeitos sem ferir desnecessariamente o suspeito que estão a tentar controlar.

As técnicas de Jiu-jitsu dão aos agentes da polícia ferramentas adicionais para lidarem com situações violentas no terreno; mais importante ainda, as técnicas de Jiu-jitsu são facilmente adaptadas às actuais metodologias de Detenção e Controlo da polícia.

O receio de ir para o chão e perder o controlo da sua arma de serviço durante situações de Detenção e Controlo e possivelmente sofrer ferimentos graves ou a morte, paralisa a maioria dos agentes com medo. Mais importante ainda, a falta de confiança nas Tácticas Defensivas resulta no uso de níveis mais elevados de força por parte do agente para vencer a resistência do suspeito.

"O medo leva à hesitação e a hesitação mata", declarou o Tenente Ed Garcia da Polícia do Condado de Los Angeles durante uma recente palestra de formação em Tácticas Defensivas. O tenente Garcia afirmou ainda: "... o componente chave para sobreviver numa luta no chão é a confiança; a confiança vem da habilidade e a habilidade vem da prática."

Recomendações

Para diminuir o uso ilegal e excessivo da força, o mínimo POST de 4 horas de detenção e controlo deve ser aumentado para um mínimo de 40 horas de dois em dois anos, como indicado no Inquérito à Formação Policial, Apêndice A. Os inquiridos do Inquérito à Formação Policial identificam como principais obstáculos à formação em detenção e controlo a escassez de pessoal e os orçamentos de formação. Os obstáculos podem ser ultrapassados com um programa inovador de formação em artes marciais para a polícia. Este programa necessitaria da cooperação do departamento, bem como dos agentes, para ser eficaz.

Para ser eficaz, a formação incluirá um período de formação "role call" para analisar as aplicações das Tácticas Defensivas, com demonstrações semanais por peritos em Tácticas Defensivas. A formação adicional sobre a aplicação das técnicas de Tácticas Defensivas será realizada fora de serviço. A formação centrar-se-á em técnicas de detenção e controlo, com ênfase no sistema de classificação das artes marciais Shudokan Ryu Taiho Jutsu.

No treino do Shudokan Ryu Taiho Jutsu, o agente é colocado em situações da "vida real" num ambiente controlado, permitindo-lhe desenvolver as competências necessárias para ultrapassar a resistência do suspeito. O processo de treino permite ao agente desenvolver as capacidades necessárias para ultrapassar a resistência. Este estilo de formação permite que o agente descubra o objeto da lição "no momento". Este treino aumenta o nível de retenção, dando ao agente uma vantagem tática quando se depara com uma situação semelhante no terreno.

Os agentes de polícia que aprendem novos métodos de detenção e controlo devem dominar essas novas competências num ambiente de formação. O domínio num ambiente de formação irá eliminar o medo de implementar novas técnicas, aumentando a sua confiança, o que, por sua vez, irá aumentar a sua eficácia no terreno. Mais importante ainda, a utilização eficiente destes conjuntos de competências aumentará a capacidade do agente para efetuar uma detenção sem aumentar desnecessariamente as suas opções de força.

O lema "Excelência em tudo o que fazemos" não é um conceito novo na aplicação da lei; espera-se excelência dos funcionários públicos. No livro "The Warriors' Mantra", Aristóteles é citado como tendo dito: "A excelência não é um ato isolado, mas um hábito". Esta citação de Aristóteles é diretamente aplicável à aplicação da lei; hábitos consistentes e sólidos na preparação mental e física necessária para lidar com encontros físicos devem sobrepor-se ao medo de aprender novas técnicas de Detenção e Controlo.

Se olharmos para os últimos 25 anos de desenvolvimento das Tácticas Defensivas, o foco principal era a pontaria e a aptidão física. A premissa era que, se o suspeito conseguisse obter uma vantagem, o agente teria justificação para aumentar o uso da força, incluindo força letal para vencer a resistência.

A vantagem da arte marcial Shudokan Ryu Taiho Jutsu é que introduz as técnicas de Jiu-jitsu aos agentes da autoridade, permitindo-lhes controlar os indivíduos num ambiente de treino. Como já foi referido, a maioria dos confrontos de força física com a polícia acabam no chão. Os agentes treinados em Shudokan Ryu Taiho Jutsu têm uma vantagem distinta em lidar com suspeitos que resistem ativamente sem recorrer a um nível crescente de força. Esta formação apoiará as políticas do departamento e os métodos de formação estabelecidos que estão em conformidade com as diretrizes POST e de uso da força do departamento.

Bibliografia

Adams, K., Alpert, G. P., Dunham, R. G, Garner, J. H., Greenfeld, L. A., Henriquez, M. A., Langan, P. A., ... Smith, S. K. (1999). *Use of Force by Police: Overview of National and Local Data*. Obtido do Serviço Nacional de Referência da Justiça Penal: http://www.ncjrs.gov/pdffiles1/nij/176330-1.pdf

Adams, R. J., McTernan, T. M., & Remsberg, C. (1980). *Street Survival: Tactics for Armed Encounter* (15ª ed.). Northbrook, IL: Calibre Press, Inc.

Alexander, G. W. (1991). *Ilha de Okinawa de Karate* (3ª ed.). Lake Worth, FL: Yamazto Publications.

Alexander, G. W. (1995). *Manual de Treino: Um guia de treino completo na arte do Karaté Shorin Ryu e Kobudo* (1ª ed.). West Palm Beach, FL: Publicações Yamazato.

Alexander, G. W. (2004, julho). Karaté: A Arte Original Baseada na Realidade. *Revista Black Belt, Vol. 42* (No. 7), 82-89.

Alexander, G. W., & Penland, K. (1993). *Bubishi: Espírito da Arte Marcial* (1ª ed.). Lake Worth, FL: Publicações Yamazato.

Alexander, G. W., & Penland, K. (1998). *Jujitsu do Guerreiro: Um guia de treino completo na Arte do Jiu-jitsu* (1ª ed.). West Palm Beach, FL: Yamazato Publications.

Anderson, B. (1983). *Imagined Communities.* Nova Iorque, NY: Verso.

Bourdieu, P (1977). *Esboço de uma teoria da prática* (20ª ed.). Nova Iorque, NY: Cambridge.

Bryan v. McPherson, 08-55622 UNITED STATES COURT OF APPEALS, NINTH CIRCUIT 3:06-CV-01487 (Pasadena, Califórnia, 28 de dezembro de 2009).

Foucault, M. (1975). *Discipline & Punish: Birth of the Prison* (2ª ed.). Nova Iorque, NY: Vintage Books.

Graham v. Connor, 87-6571 U.S. Supreme Court 490 U.S. 386 (1989) (15 de maio de 1989).

Hall, S. (2003). *Representation Cultural Representations and Signifying Practices* (1ª ed.). Londres, Inglaterra: Sage Publications.

Koga, R. K., & Pelkey, W. L. (1998). *Redireccionando a Força* (1ª ed.). Fallbrook CA: The Koga Institute.

Koga, R. K., & Pelkey, W. L. (2002). *Controlling Force: A Primer for LawEnforcement* (3ª ed.). Fallbrook CA: The Koga Institute.

Major Morgan, F. E. (1992). *Vivendo o Caminho Marcial.* Fort Lee, Nova Jersey: Barricade Books.

Morgan, F. E. (1992). *Vivendo o Caminho Marcial: Um manual sobre a forma como um guerreiro moderno deve pensar* (1ª ed.). Fort Lee, NJ: Barricade Books Inc.

Ott , J. E., Lewis, C. L., & MacWha, D. W. (maio de 2008). *Responsabilidade civil e ação penal no Tribunal Federal por má conduta policial.* Recuperado de http://www.fbi.gov/publications/leb/2008/may2008/may2008leb.htm

Phillips, R. (janeiro, 2010). *The Fourth Amendment and Search & Seizure An Update: Décima edição*. Recuperado de http://www.legalupdateonline.com/

Remsberg, C. (1986). *The Tactical Edge: Surviving High-Risk Patrol* (7ª ed.). Northbrook, IL: Calibre Press, Inc.

Rosenberg, V., & Sapochnik, C. (2005). 'Artes marciais - encenação de agressão ou espaço integrativo?' *Psychodynamic Practice, 11: 4,* 451458. doi: 10.1080/14753630500385681

Ruge, R. (2005). *O Mantra do Guerreiro* (1ª ed.). Fort Lee, NJ: Barricade Books, Inc.

Rushforth, S. (1992, agosto). A legitimação de crenças na sociedade de caçadores-coletores: Bear Athapaskan Knowledge and Authority. *American Ethnologist, Vol. 19,* 484-500. Recuperado em 21 de janeiro de 2007, www.jstor.org

Scaglione, R. & Cummins, W. (1994). *Karate de Okinawa: Construindo um Espírito de Guerreiro* (2ª ed.). Nova Iorque, NY: Person-to-Person Publishing, Inc.

Schuck, A. M. (2004, novembro-dezembro). The masking of racial and ethnic disparity in police use of physical force: The effects of gender and custody status. *Journal of Criminal Justice, 32,* 557-564. doi: 10.1016/jjcrimjus.2004.08.010

Tennessee v. Garner, 710 F United States Court of Appeals for the Sixth Circuit 2d 240 (Tennessee 1983).

Tennessee v. Garner, 471 U.S. US Supreme Court Center 83-1035 (27 de março de 1985).

Terry v. Ohio, 392 US Supreme Court Center 67 (10 de junho de 1968).

Thomas, K. S. (1996). *A Estrutura das Revoluções Científicas (*Terceira ed.). Chicago IL: The University of Chicago Press.

Thomas, L. P (2000, fevereiro). Movimentos Brutalmente Eficazes Prometem uma Submissão de Qualquer Posição. *BLACK BELT MAGAZINE, Vol. 38* (No. 2), 97-103.

White, J. E. (2000). *Policy Formulation and the Theory of Unintended Consequences* (Dissertação de doutoramento não publicada). Universidade do Sul da Califórnia, Los Angeles.

Young, R. W. (2004, julho). Street Smarts. *REVISTA BLACK BELT, VOL. 42* (NO. 7), 74-80.

de Certeau, M. (1988). *The Practice of Everyday Life* (1ª ed.). Los Angeles, CA: University of California Press.

<h1 style="text-align:center">Apêndice A</h1>

Perguntas e respostas do inquérito sobre formação policial

Questão 1

Idealmente, quantas horas gostaria de ver como o mínimo de Tácticas Defensivas da POST para a formação obrigatória da POST?

Respostas 98/96%
Não responderam 4/4%

	COUNT	PERCENT
40 hrs every two years	39	40%
16 hrs every two years	25	26%
8 hrs every two years	25	26%
4 hrs every two years	9	9%

Questão 2

Qual é o maior obstáculo à marcação de um treino avançado adicional de tácticas defensivas para agentes?

Respostas 99/97%
Não responderam 3/3%

	COUNT	PERCENT
Manpower shortages	49	49%
Training Budget	44	44%
Workman's Compensation claims from injuries occurred during training	6	6%

Questão 3

Na sua opinião, que percentagem dos seus agentes está física e mentalmente preparada para um encontro físico dinâmico com um suspeito?

Respostas 98/96%
Não responderam 4/4%

	COUNT	PERCENT
< 50%	61	62%
> 50%	37	38%

Questão 4

Na sua opinião, que percentagem dos seus agentes participaria num programa de aptidão física ou num programa que inclua treino de combate do seu departamento, se fizesse parte do seu dia de serviço?

Respostas 99/97%

Não responderam 3/3%

	COUNT	PERCENT
50% or more	43	43%
75% or more	29	29%
25% or more	27	27%

Questão 5

Na sua opinião, qual é a competência perecível mais importante ensinada na formação avançada obrigatória de oficiais?

Respostas 99/97%

Não responderam 3/3%

	COUNT	PERCENT
Defensive Tactics	59	60%
Tactical Communications	15	15%
Practical Range Training	14	14%
Driving/Force Options Simulator	11	11%

Apêndice B

Perguntas e respostas do inquérito sobre a aplicação da lei

Questão 1

Há quantos anos está na polícia?

Respostas 136/99%
Não responderam 2/1%

	COUNT	PERCENT
15 yrs or more	81	59%
10-15 yrs	25	18%
5-10 yrs	18	13%
0- 5 yrs	12	9%

Questão 2

Em média, quantas horas de instrução são necessárias para ensinar um aluno com uma capacidade atlética média a tornar-se fisicamente competente em técnicas que lhe permitam dominar uma pessoa que resiste ativamente?

Respostas 138/100%
Não responderam 0/0%

	COUNT	PERCENT
30 or more	78	57%
10-20 hrs	31	22%
20-30 hrs	21	15%
0-10 hrs	8	6%

Questão 3

Na sua opinião, quantas horas de treino são necessárias para desenvolver os reflexos condicionados necessários para reagir imediatamente a um confronto sem hesitação?

Respostas 137/99%
Não responderam 1/1%

	COUNT	PERCENT
30 or more	107	78%
20-30 hrs	17	12%
10-20 hrs	8	6%
0-10 hrs	5	4%

Questão 4

Se um agente da autoridade aprender uma Técnica de Tácticas Defensivas específica na aplicação prática e for considerado proficiente, com que frequência deve esse mesmo aluno treinar para manter a proficiência?

Respostas 137/99%
Não responderam 1/1%

	COUNT	PERCENT
Weekly	67	49%
Monthly	46	33%
Quarterly	18	13%
Annually	6	4%

Questão 5

Na sua opinião, qual é o valor mais importante do treino de artes marciais para a aplicação da lei?

Respostas 137/99%
Não responderam 1/1%

	COUNT	PERCENT
The officer's confidence in the application of techniques taught to law enforcement.	74	54%
Maturity of the officer's decision making ability relating to the Use of Force.	47	34%
Physical conditioning.	15	11%
Relationships developed with community members.	1	1%

Questão 6

Na sua opinião, o treino de artes marciais para os agentes da autoridade...
Respostas 136/99%

Não responderam 2/1%

	COUNT	PERCENT
improve an officer's decision making ability when engaging in force options?	77	56%
.decrease injuries to officers in Arrest and Control situations?	49	36%
improve an officer's physical conditioning?	8	6%
increase injuries to officers in Arrest and Control situations?	2	1%

Questão 7

Na sua opinião, o treino de artes marciais para agentes da autoridade...

Respostas 132/96%
Não responderam 6/4%

	COUNT	PERCENT
...decrease Use of Force incidences by the trained officer?	97	70%
...have no effect on the Use of Force incidences?	25	18%
...increase the Use of Force incidences by the trained officer?	6	4%
...increase civil liability for the department?	4	3%

Apêndice C

Perguntas e respostas do inquérito aos instrutores de artes marciais

Questão 1

Há quantos anos é professor de artes marciais?

Respostas 133 100%

Falha na resposta 0

	COUNT	PERCENT
15 yrs or more	85	64%
0- 5 yrs	18	14%
10-15 yrs	17	13%
5-10 yrs	13	10%

Questão 2

Em média, quantas horas de instrução são necessárias para ensinar um aluno com uma capacidade atlética média a tornar-se fisicamente competente em técnicas que lhe permitam dominar uma pessoa que resiste ativamente?

Respostas 131/98%

Não responderam 2/2%

	COUNT	PERCENT
30 or more	70	53%
10-20 hrs	27	20%
20-30 hrs	21	16%
0-10 hrs	13	10%

Questão 3

Na sua opinião, quantas horas de treino são necessárias para desenvolver os reflexos condicionados necessários para reagir imediatamente a um confronto sem hesitação?

Respostas 132/99%

Não responderam 1/1%

	COUNT	PERCENT
30 or more	111	83%
20-30 hrs	11	8%
10-20 hrs	5	4%
0-10 hrs	5	4%

Questão 4

Se um agente da autoridade aprender uma Técnica de Tácticas Defensivas específica na aplicação prática e for considerado proficiente, com que frequência deve esse mesmo aluno treinar para manter a proficiência?

Respostas 130/98%

Não responderam 3/2%

	COUNT	PERCENT
Weekly	88	66%
Monthly	32	24%
Quarterly	7	5%
Annually	3	2%

Questão 5

Na sua opinião, qual é o valor mais importante do treino de artes marciais para...

Respostas 132/99%

Não responderam 1/1%

	COUNT	PERCENT
...maturity of the officer's decision making ability relating to the Use of Force?	75	56%
...the officer's confidence in the application of techniques taught to law enforcement?	50	38%
...physical conditioning?	4	3%
...relationships developed with community members?	3	2%

Questão 6

Na sua opinião, o treino de artes marciais para os agentes da autoridade...

Respostas 132/99%

Não responderam 1/1%

	COUNT	PERCENT
...improve an officer's decision making ability when engaging in force options?	72	54%
...decrease injuries to officers in Arrest and Control situations?	52	39%
...improve an officer's physical conditioning?	7	5%
......increase injuries to officers in Arrest and Control situations?	1	1%

	COUNT	PERCENT
...decease Use of Force incidences by trained officers?	106	80%
...have no effect on Use of Force incidences?	21	16%
...increase Use of Force incidences by the trained officer?	3	2%
...increase civil liability for the department?	1	1%

Questão 7

Na sua opinião, o treino de artes marciais para agentes da autoridade...

Respostas 131/98%
Não responderam 2/2%

Apêndice D
Shudokan Ryu Taiho Jutsu

O Taiho Jutsu pode ser definido como técnicas de "controlo e contenção". O Taiho Jutsu foi criado para a força policial japonesa em 1947, onde todos os polícias são obrigados a ser cintos negros de Taiho Jutsu. O estudo do Taiho Jutsu inclui o estudo de "toshu" (defesa desarmada), "keibo" (uso do bastão), "seijo" (algemas) e "hikitate-oyobi" (forçar um prisioneiro a pôr-se de pé).

O sistema de artes marciais do Shudokan Taiho Jutsu foi adaptado para satisfazer os padrões policiais do agente profissional da lei nos Estados Unidos. As suas técnicas baseiam-se nas do Yoshinkai Aikido (o sistema ensinado à polícia de choque de Tóquio) e nas técnicas do Goju Sabudokai, Hapkido, Jujitsu e Ninjitsu.

Num esforço para incutir nos agentes a mentalidade necessária para a sobrevivência, a Shudokan Ryu continua a treinar utilizando Tácticas Defensivas aprovadas pelo POST. Esta filosofia de treino baseia-se na crença de que quanto mais se treina, mais a "memória muscular" se instala. Quanto mais memória muscular tiver, menor será o tempo de atraso numa determinada situação e maiores serão as suas hipóteses de obter um resultado positivo numa altercação física.

Shudokan Ryu Taiho Jutsu

Descrição do curso de tácticas defensivas

Aquecimento e alongamentos

Levantar-se mantendo uma postura e um posicionamento defensivos

Rolos

Rolos para a frente

Quedas pela retaguarda (sacar a arma do chão)

Quedas laterais

Defesa no solo com os pés

Derrubadas por terra dentro e fora da perna dianteira do sujeito

Joelhada frontal na perna dianteira do sujeito

Posição de interrogatório

Posição de vantagem

Fechaduras

Bloqueio de pulso traseiro (a partir de uma posição de vantagem)

Hammerlock (a partir de uma posição de vantagem)

Pescoço de ganso (a partir da posição de vantagem)

Bloqueio do pulso bloqueio de torção (a partir da posição de vantagem)

Afastar para queda com barra de braço (a partir da posição de vantagem)

Puxar a figura 4 para cima (a partir da posição de vantagem)

Blocos

Bloqueia e limpa (mãos pegajosas)

Derrubadas Derrubada com chave de ombro

Envolvimento de queda traseira/braço de armadilha sentar e girar

Deslocação lateral da cabeça Controlo das costas

Agarrar a camisola com o pulso

Capotamento da barra de braço

Varredura de pernas da frente para dentro

Varredura de pernas da frente para fora

Jabs de boxe

Cruz

Gancho

Golpe alto

Cruz de boxe modificada (mão aberta) sobre almofadas de concentração

Requisitos para o teste de Cinturão Negro de Shudokan Ryu Taiho Jutsu para técnicas de controlo e imobilização da polícia

Posição da entrevista

Posição de vantagem

Vantagem da algema

Bloqueio de pulso traseiro,

Pescoço de ganso,

Fecho de torção

Derrubar

Afasta-te para a queda da barra de braço,

Puxar para cima a fig. 4 de baixo para cima

Virar o pulso para fora

Batida modificada (chávena de chá)

Força Controlada

5 Técnicas de transição utilizando o impulso do próprio suspeito

Agarrar a camisa - interior / exterior

Barra de braço

Varredura de pernas de frente para dentro/para fora

Blocos

Parry interior

Parry exterior

Batida modificada (chávena de chá)

Escapadelas de headlock

Bloqueios de cabeça com fugas, bofetada na virilha,

mão na cara/queixo, posição sentada e rotação para o chão

Bloqueio frontal: esticar o braço para cima e para cima,

(nariz ou olhos, pegar na perna e largar)

Combate no solo

Guarda e escapes - Figura 4 retenção de armas da guarda Deslocação lateral da cabeça.